Índice

AF283059

CONTRACUBIERTA
BOOKTACA,
servicios literarios S.L.
Junio 2025
Número 3

DIRECCIÓN
Elvira Rivero
Víctor M. Martín

ILUSTRACIÓN DE CUBIERTA
Javi Cohen

MAQUETACIÓN
Divergente$_{84}$

IMPRESIÓN
Editorial Ledoria

AGRADECIMIENTOS
Toledo Olvidado

Depósito Legal: TO-228-2025
ISBN: 978-84-19887-69-6

.... cojones en latín

Mi abuela "era muy de refranes", y cuando hablaba de sus contemporáneos añadía a sus comentarios alguna máxima o sentencia que yo creía orgaceña, pero que vaya usted a saber, porque una habla a veces sin saber o imaginando.

La escuchaba comentar con mi abuelo o con mi tía sobre sus correligionarias:

- Mira Menganita de Fulanito, con más tierras que dinero y aun se creen los ricos del pueblo, si pasamos la misma posguerra de hambre, penurias y letras de cambio - sentenciando con dignidad: ¡Don sin din, cojones en latín!

Y yo me reía por lo bajini escondida bajo las faldas del brasero -cuando este estaba apagado- por la mención a los cojones, claro, no porque entendiera el refrán o conociera a la citada Mengana.

Mas tarde de mayor, cuando lo contaba a mis primos o lo rememoraba con mi tía Conchita, siempre me decían que mi abuela era una señora y que no decía palabrotas. ¡Vaya que no! - pensaba yo.

Pero bueno a lo que iba, que se me va el santo al cielo. Preparando los formularios de inscripción a la próxima feria del libro de Toledo, pensaba en los "Dones sin dines" que se pasearán por nuestra Feria o que se han paseando en la de Madrid a riesgo de sufrir una insolación y en que mi abuela se equivocaba en sus sentencias, porque en la variedad de mis Menganos y Menganas los hay que tienen *Don* y no *din*, otros que tienen *din* y no *Don* y otros que no tienen ni *Don* ni *din*. Y aquí de lo que hablamos es de autores publicados por una editorial o autopublicados por algo parecido y de de números de ejemplares vendidos.

Yo trato mucho con esos que no tienen ni *Don* ni *din*. Esos que echan la culpa de su poco *din* al librero y nunca a su libro y los excuso porque los padres siempre vemos a nuestros hijos guapos, pero ¡oiga! que también conozco de estos honrosas excepciones.

A veces trato con los que tienen *din* pero no tienen *Don*, aunque en pocas ocasiones, porque nunca atienden cuando les llamamos. Los libreros tenemos poco *din* para poder pagar prebendas y tarifas que engordan cuentas.

Pero como no todo el monte es orégano, conocemos algunos que tienen *Don* y mucho *din* –pocos, no se crea- que son estupendos y suelen ser aquellos que antes fueron de muy poco *din*.

Y por fin a mí los que me gustan son los que tienen mucho *Don* y un poco de *din*, porque siempre responden a las llamadas, aunque te digan que no -que los libreros a veces somos muy pesados- ya que comprenden la doble naturaleza de su trabajo (la artística y la fenicia) y la del nuestro y son conscientes de que es el librero, quien coloca un libro en la estantería.

Y de estos, sí conocemos a muchos y son a estos a quienes invitamos a enriquecer nuestra revista, con la que te puedes entretener mientras esperas que pase el verano y llegue el mejor tiempo y la Feria del Libro.

Porque nosotros no tenemos mucho *din*, pero tenemos muchos amigos con libros.

El librero de gafas de culo de vaso

Tempus fugit

POR VÍCTOR M. MARTÍN
ILUSTRACIÓN DIVERGENTE[84]

Hubo un tiempo en el que era joven, soberbio y con 25 ó 30 años, me creía inmortal. Un día, no recuerdo muy bien dónde ni por qué, me ofrecieron la compra de un curso de lectura rápida. El comercial se dejó la vida en hacerme ver las bondades de su método (lectura en diagonal, leer cuatro o cinco libros a la semana, quizá más, ¡¡¡doscientos cincuenta al año!!!, máximo aprovechamiento de mi tiempo, ...) y no daba crédito cuando yo le explicaba que lo que más me gustaba a mí, precisamente, era leer despacio, paladear cada frase, cada palabra, no tener prisa alguna en devorar las mil páginas de *El señor de los anillos* o las ciento cuarenta de *Crónica de una muerte anunciada*. Me dejó por imposible, ladeando la cabeza como si le resultara increíble que alguien pudiera rechazar semejante oferta. Y vaticinó, herido en su orgullo de vendedor: *"Algún día te acordarás de mí y de no haber comprado este curso..."*.

Y aquí estoy, mucho tiempo después, acordándome de ese tipo. ¿Me arrepiento ahora de no haber hecho ese curso de lectura rápida? Mira que he cambiado en algunas o muchas cosas en estos últimos años, pero no en esta de cómo debe ser la lectura. Sigo pensando exactamente lo mismo: la lectura, en mi humilde opinión, es un acto íntimo, solitario, un momento de disfrute máximo, en el que nos aislamos del mundo, de nuestros problemas, de nuestra vida gris o repleta de colores. Da igual. Se lee estando solo, aunque haya más gente contigo en la misma habitación, en el coche o en el vagón de metro. Y a mí me gusta leer despacio. Qué le voy a hacer.

Pero no es menos cierto que la premura temporal empieza a sobrevolar inquietante sobre mi cabeza. Si me fío de mis estadísticas de lecturas (sí, controlo severamente todo lo que leo gracias a mi amigo **Excel** y alguna que otra app), mi media de libros leídos al cabo del año ronda los 25 títulos (vale, tampoco es necesario que me avergüencen porque lean más que yo; mejor para ustedes, peor para mí). Así las cosas, ¿cuántos libros me quedan por leer hasta el fin de mis días. ¿750? ¿800? ¿900? ¿Son muchos o pocos? Son los que son.

Esto viene a cuento de dos cuestiones, capitales a mi edad. La primera de ellas trata de ese **anatema** de dejar un libro a medias. Cuando era joven y soberbio, y me creía inmortal, acababa todos los libros que empezaba, me estuvieran gustando o no, los estuviera disfrutando o no. Y miraba de muy mala manera a aquellos que dejaban una lectura si ésta no era de su agrado. Pero en algún momento de mi vida, algo hizo clic en mi cerebro. ¿Qué razón de ser tenía llegar hasta el final de un libro que no me estaba emocionando? Ninguna, creo yo. Ahora miro interiormente de muy mala manera a aquellos que hacen gala de su masoquismo, acabando mamotretos de 800 páginas o pasquines de 200 que no les dice ni fu ni fa. No es menos cierto que algunos libros, pocos, muy pocos, pegan tal giro en sus páginas finales que cabe la posibilidad (remota) que haya descartado alguno cuyo final me habría compensado las penurias anteriores. Pero dado que estoy seguro de que no habrán sido más de dos o tres, siendo muy optimistas,

me parece una estadística más que suficiente para llevar hasta las últimas consecuencias esta máxima (la de no acabarlos, digo). No tengo un baremo fijo porque todo depende del número de páginas, pero aproximadamente, leo mínimo un 20-25 % de cada libro, y si aquello no rima, pasamos palabra y al siguiente. Si es un libro que me interesa, a pesar del aburrimiento inicial, seguramente le daré una segunda oportunidad, incluso igual una tercera, siempre después de dejarle un tiempo en barbecho. Pero la mayoría van al cajón de los expurgos. No se ve la vida igual con veinticinco años que ahora, mirando de cerca a los sesenta. Qué os voy a contar. El problema es cuando ya sabes que, si no avanza la medicina milagrosamente, te queda menos por vivir de lo que ya has vivido.

No echo en falta la lectura rápida y seguiré defendiendo la lectura lenta, pausada, tranquila, en contra de los tiempos que vivimos

Aun así, no echo en falta la lectura rápida y seguiré defendiendo la lectura lenta, pausada, tranquila, en contra de los tiempos que vivimos. Porque ahí es a donde también quería llegar. El modo de vida actual, acelerado, ilógico, atropellado va en contra de la lectura íntima, casi vista como un acto onanista. Vemos (usaré un plural mayestático para no molestar a nadie, y así, molestar a todos) las series a doble velocidad para acabar antes, nos pegamos atracones digitales de 6, 8 ó 10 horas para ver la serie de turno en uno o dos días, no vaya a ser que llegue el fin del mundo y nos pille sin saber cómo acaba *The last of us* (de todas formas, aunque llegue el apocalipsis después de ver la 2T completa, seguirás sin saber cómo acaba...), si alguien nos manda un mensaje-homilía por whatsapp en formato de audio, también los escuchamos a la máxima velocidad posible que nuestro aparato auditivo nos permita para entender su contenido, asistimos impertérritos a micro videos de **Tik Tok** (o la plataforma demoniaca que sea), con montajes insufribles a 60 fotogramas por segundo donde es imposible comprender nada, o si eres un *influencer* tienes que presentarte en tu *"reel"* moviéndote como si fueras *Flash*: un *frame* parado te puede suponer la muerte inmediata.

El pasado 28 de abril, a las 12,19 horas, un apagón generalizado dejó España inmovilizada, y algunas horas más tarde, a oscuras también. De repente, el teléfono no servía para nada que no fuera sujetar un papel o ver la hora, no teníamos plataformas, ni energía que las visualizara. Todas (o casi todas) las posibles fuentes de distracción que siempre nos parecen una excusa perfecta para no leer, desaparecieron, se volatilizaron. Fue una tarde maravillosa. Salvo excepciones (y siempre por temas laborales), no conozco a casi nadie que no te hable de esa tarde del 28 de abril con un cierto

cariño, con nostalgia. De repente, es como si el tiempo se hubiera congelado, los segundos parecían minutos y los minutos horas... Qué bien estaría tener un apagón así tres o cuatro veces al año, como poco. ¿No será la manifestación de este deseo la señal de que algo no va bien?

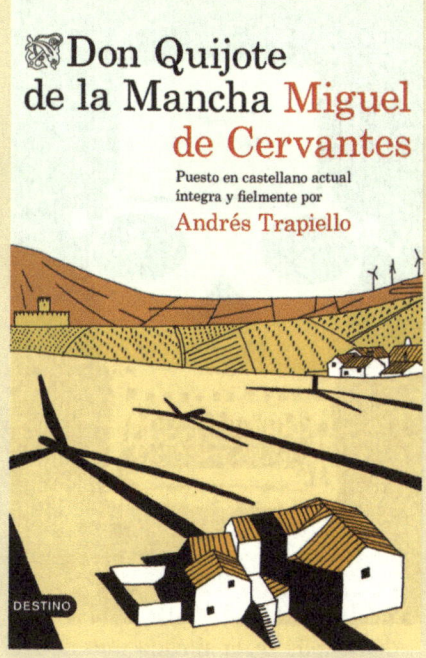

Ahora que las distopías, ucronías y utopías están tan de moda, albergo una esperanza imposible: que los libros se vendan junto con el tiempo necesario para leerlos. ¿Cuánto tiempo es necesario para leer *Don Quijote de la Mancha*? Según los amigos de **Kobo** (que en su plataforma hacen una estimación temporal del tiempo preciso para leer cualquier libro a la venta en su web), entre 35 y 38 horas, si es la versión de **Trapiello**, que es la que yo tengo entre manos, de 31 a 34 horas (gracias, Andrés). Pues muy bien, ahí tiene usted, su Quijote y las horas que necesita para leerlo entero. ¿Qué le va el sufrimiento y la agonía, y su opción es el *Ulises* de **Joyce**? Para ese, entre 25 y 27 horitas. Todas suyas. ¿Prefiere la angustiosa, claustrofóbica y magistral *Misery*, del maestro **Stephen King**? En ese caso, sólo serán necesarias unas 9 o 10 horas.

ESTABA LOCA, PERO ÉL LA NECESITABA.

¡Qué feliz sería si cada uno de los libros que almaceno en casa cual Diógenes literario viniera de serie con el tiempo que necesitaría para leerlos todos! Pero ya saben ustedes que no es el caso. Ese tiempo, esas horas, minutos y segundos hay que robarlas al día a día agotador que nos arrolla, que nos lleva por delante, hay que quitárselos a esa serie que te tiene enganchado, o la película de encefalograma plano que te pide tu acomodado cerebro un martes, a las diez de la noche, o a ese juego que te recompensa con bayas frambu, ultraballs o pases de incursión remota por capturar extrañas criaturas dentro de una bola.

Y de eso también les quería hablar. De los libros que nos pueden ayudar a poner en valor el tiempo, esa moneda limitada y finita, de uso diario y mundial, pero a la vez despreciada por la mayor parte de nosotros. De los libros que nos pueden ayudar a frenar, a levantar el pie del acelerador y parar, porque a lo mejor, si seguimos adelante sin tener en cuenta la velocidad de nuestro *vehículo*, igual nos equivocamos de camino. Cuanto daño ha hecho eso de si te paras, te caes.

Hace algunos años, en 2006, el físico y filósofo alemán **Stefan Klein** publicó el libro ***Zeit. Der stoff, aus dem das Leben ist***. O sea, en una traducción literal y por lo tanto, con cierto riesgo de ser inexacta, El tiempo. La materia de la que está hecha la vida. Como cabe la posibilidad de que alguno de ustedes no tenga la fluidez necesaria leyendo el alemán, el grupo **Planeta**, siempre tan considerado con nosotros, a través de su editorial **Plataforma**, puso a nuestro alcance la traducción firmada por **Nuria Ventosa Barba**, y que en España puede (y debe) adquirirse en cualquier librería independiente o de barrio (por favor, absténganse de las grandes superficies y franquicias, y busquen a su librero de confianza) bajo el título *El tiempo. Los secretos de nuestro bien más escaso*. Klein nos ofrece las claves para asumir precisamente la condición tan austera del tiempo y que sin embargo, con la prepotencia del ciudadano del siglo XXI que nos caracteriza, menospreciamos como si todos tuviéramos un banco de tiempo escondido en casa. En un maravilloso epílogo llamado *Una nueva cultura del tiempo*, el autor nos propone asumir una serie de pasos o compromisos con el objetivo final de descubrir el ritmo más adecuado para nuestra vida, la de cada uno de nosotros, única y especial. Por supuesto, no voy a destriparles el libro, sino que aspiro a que sientan la urgencia de aprender a gestionar y manejar de la mejor manera posible esos segundos, minutos, horas, días, semanas, meses y años que se nos escapan lánguidamente de nuestras manos sin que hagamos nada por remediarlo. Según Kobo, con 7 u 8 horas de lectura tendrían suficiente para leerlo entero. Quizá algo menos, pues acompaña al volumen una extensa bibliografía de casi veinte páginas. Sin embargo, igual estoy hablándoles, casualmente, de un libro que hay que leer sin mirar el reloj. Con cuaderno y pluma al lado (mucho más decimonónico y decadente) para anotar, subrayar... Diez horas, veinte. Créanme, nada de autoayuda, filosofía pura.

La necesidad del ser humano de echar el alto me parece muy evidente, aunque no damos muestras de ser conscientes de ello. Sí se dio cuenta Eva Morell allá por 2021, o seguramente, mucho antes, cuando creó el blog *El club de la cabaña*, con la idea de ofrecer un resquicio, siquiera digital, a todos aquellos que sienten la desesperada necesidad de desconectar del ruido y la rutina que nos atropella a diario, pese a que la propia Morell reconoce ser demasiado urbanita para dejarlo todo e irse a vivir a una cabaña. Ya lo sabemos, no es tan sencillo, pero... ¿quién no ha soñado nunca con poder dejarlo todo y... Acaben ustedes la frase. No seré yo quien no levante la mano. Hace algunas semanas ha publicado el libro *Refugio*, en la editorial **Crítica**, un inspirador catálogo de construcciones que responden al género *cabañil*. Quizá ahí podamos encontrar esas cuatro paredes que nos

sirvan de inspiración suficiente para mandarlo todo al infierno y dar ese golpe de felicidad y entusiasmo a la mierda de la realidad que nos acompaña desde que nos levantamos hasta que nos acostamos.

Otra gurú del feminismo, **Rebecca Solnit**, autora de *Cenicienta liberada* o *Los hombres me explican cosas*, ha sorprendido a propios y extraños con un extraordinario conjunto de ensayos agrupados bajo el título de *El camino inesperado*. La idea que sobrevuela esta excepcional selección de extensos artículos, una vez más, es esa sensación, *déjà vu*, de que la humanidad atraviesa un momento vital que nos supera, y ahora, más que nunca, es necesario, preciso, casi imprescindible detenerse, y ojo al dato, *REFLEXIONAR* si este es el mundo que queremos, si esta es la vida que queremos, si este es el ritmo al que queremos vivir. Y si no lo es, formularnos esa típica pregunta de qué estamos haciendo para cambiar esa realidad, o cuando menos, cambiar nuestra realidad, qué estamos dispuestos a hacer, hasta donde queremos o podemos llegar para voltear nuestras vidas. Solnit pone el foco en la belleza de lo imprevisible, de lo imperfecto, de la lentitud... Quizá no ofrezca soluciones, como tampoco lo hace Klein o Morell. No creo que fuera la intención con la que han escrito estos libros, sino la de llamarnos la atención sobre aquello tan manido de quienes somos y adonde vamos. Si nos gusta nuestro día a día y el destino final de nuestra vejez, no hagan nada, sigan igual que hasta ahora. Pero si dentro de ustedes se esconde un pequeño inconformista, nunca es tarde para rebelarnos ante la injusticia del modus vivendi que nos ha metido con calzador (o sin él), el capitalismo salvaje en el bandeamos de lunes a domingo. No creo en las soluciones genéricas para problemas individuales, pero sí en un viaje a lo más profundo de nuestro yo con ganas de guerra.

REBECCA SOLNIT

El camino inesperado

Lumen

Para confirmar la esquizofrenia universal que arrasa el planeta, de norte a sur, de este a oeste, en las librerías proliferan libros sobre filosofía como hacía tiempo que no se veía, autores como **Slavoj Žižek** o **Byung-Chul Han** aparecen por nuestras estanterías como las setas en noviembre, y lectores de edades sorprendentemente diversas buscan ayuda, consuelo o sabe Dios qué en los estoicos (dícese del movimiento filosófico surgido en la antigua Grecia que propone un camino para alcanzar la felicidad y la tranquilidad a través de la virtud y la razón).

La única realidad es que el tiempo vuela y cuanto antes nos demos cuenta de ello, mejor nos irá. Nuestros bebés de antaño ya aporrean las puertas de las universidades, y algunos, incluso las del mercado laboral (pobrecillos). Nosotros nos vemos a diario en el espejo, y seguro que se nos escapa un *"pues no estoy tan mal"*. Pero luego, limpiando fotos del teléfono, encuentras una imagen del 2003, y entonces ya no lo tienes tan claro.

Resumiendo, qué deben hacer. Son sólo cuatro cositas de nada:

- **Lean. Mucho. Y si pueden, y quieren, háganlo despacio. O rápido. Ya me da igual, pero lean.**

- **Seleccionen exquisitamente lo que leen. O no lo hagan tan exquisitamente. Pero lean.**

- **No pierdan el sueño por dejar un libro a medias. O por no perderlo (el sueño), acábenlo (el libro). Pero lean.**

- **Lean filosofía, romantasy o novela negra, lean a Carmen Mola o a Marcel Proust. Lean clásicos o best-sellers. Pero lean.**

Lean. Por favor.

Escribir la mezcla

POR IOANA GRUIA
ILUSTRACIÓN DIVERGENTE[84]

Soy una escritora mediterránea en español, nacida en el casco antiguo de Bucarest, donde los violines gitanos desgarran el corazón. Esta es la definición que suelto cada vez que de un modo u otro me piden "definirme". Aunque no digo ninguna mentira, se trata de una genealogía en parte inventada: nací efectivamente en un hospital del núcleo histórico de Bucarest y aunque pocas veces escuché el violín gitano por sus calles cuando lo hice me embargó una emoción hecha también de mezclas, porque echaba de menos cosas vividas y cosas que solo había vislumbrado en los sueños. Por lo que respecta al imaginario mediterráneo, es una aspiración del corazón que decidí hace tiempo que po-

día ser parte de mi casa. Una casa de papel donde se reúnen mis recuerdos (reales y ficticios, como los de todo el mundo) y mis idiomas, porque si el imaginario de mi infancia y mi adolescencia es el de la lengua rumana, a partir de los dieciocho años, desde que llegué con una beca para estudiar Filología Hispánica (y más tarde Teoría de la Literatura y Literatura Comparada a la Universidad de Granada) vivo todos los días en español.

Escribo desde una fusión de raíces e imaginarios afectivos, lingüísticos, culturales y vitales. Reinventarse la propia infancia en una lengua que no es la materna es tal vez lo que me resulta más complejo, pero quiero subrayar que se trata de un proceso siempre gozoso, que nunca me ha producido ninguna angustia. Empecé a escribir en español al poco tiempo de llegar a Granada porque era el idioma que oía, hablaba y leía todos los días. Además, estaba rodeada de grandes escritores y aprendices de escritores en la Facultad de Filosofía y Letras y en la ciudad: me dieron clases Luis García Montero, Álvaro Salvador, Antonio Carvajal y tuve el privilegio de conocer y trabar amistad con Ángeles Mora, Teresa Gómez, Mónica Doña, los añorados Rafael Juárez y Rafael Guillén, Carmen Canet o Trinidad Gan. Fui compañera de facultad de Andrés Neuman, Marga Blanco, Erika Martínez y Daniel Rodríguez Moya (este último me animó a leer mis poemas en el mítico bar La Tertulia y aún conservo el cartel de mi lectura de diciembre de 2001). Quiero recordar especialmente al extraordinario profesor Juan Carlos Rodríguez, autor de magníficos libros, cuyas clases y conversaciones fueron un absoluto privilegio para mí y me ayudaron mucho en mi escritura.

Empecé pues a escribir poesía en español, intentando trasladar (o mejor dicho reescribir) a mi nueva lengua el imaginario de mi infancia y mi adolescencia: los recuerdos fijados en un idioma se transformaron y se volvieron a fijar, ficcionalizados, en otro. Adquirieron una cierta plasticidad, una capacidad de metamorfosis. Entraban en las palabras de la nueva lengua como en unas formas que debían absorber.

Las palabras del español, tan sonoras y ricas en matices, me han asombrado y me siguen asombrando. También el rumano es una lengua me-

> « Vivo todos los días en español. Escribo desde una fusión de raíces e imaginarios afectivos, lingüísticos, culturales y vitales. »

lódica, pero estaba ahí desde siempre. Mi nueva lengua vino a asentarse en capas sobre la antigua; sin embargo acabaron mezclándose y yo intenté aprender un difícil, frágil y gozoso equilibrio: pasar de una lengua a otra, de un imaginario a otro, pero teniendo en cuenta que sería siempre una escritora en español.

Empecé con la poesía y seguí con una novela, que escribí entre 2003 y 2005. No logré publicarla nunca, hecho que durante unos años me entristeció y ahora me alegra porque tiene fallos evidentes. Sin embargo, me enseñó algo muy importante: la disciplina de la escritura novelesca. Me sentaba todas las mañanas tres o cuatro horas, tomaba notas en un cuaderno (costumbre que guardo desde entonces con todos mis libros) y luego tecleaba feliz. Durante este tiempo seguí escribiendo poesía. Cuando acabé la novela (que guardo en un manuscrito encuadernado), me surgió de pronto una mañana la idea de escribir un cuento sobre un cuadro de Hopper que siempre me había habitado: "Nighthawks". En la pared enfrente de mi escritorio estuvo durante años un póster de "Habitación de hotel", otro cuadro que me interpelaba. De hecho, desde que descubrí a Hopper me siento habitada por sus mujeres, que parecen esperar algo, un acontecimiento extraordinario, a la vez que tienen la conciencia de un posible fracaso. Es la sensación que tengo al mirarlas: son mujeres que han hecho una apuesta con la vida, que le exigen felicidad, alegría, y al mismo tiempo saben que pueden fracasar. Mujeres solas, absortas en sus pensamientos, que a veces parecen disfrutar de su soledad y otras veces un halo de tristeza lúcida las envuelve. Con Hopper (a quien dediqué varios poemas de *El sol en la fruta*, una sección de *La luz que enciende el cuerpo* -"Las mujeres de Hopper"- y un libro entero de cuentos -también titulado *Las mujeres de Hopper*) llegó a mi escritura el imaginario entre urbano y onírico de Nueva York, el jazz que me imaginaba que sonaba en sus pinturas y la reflexión permanente sobre sus personajes femeninos, sus deseos, sus miedos, sus apuestas con la vida y su lucidez. Todo en español, por supuesto, porque todos los sueños y las miradas se vuelcan en una lengua a la hora de escribir, toman la forma de esta lengua y, si vienen de otros contextos vitales y culturales, los inscriben allí.

En 2006 empecé a escribir en la ciudad argentina de Mar del Plata, donde me encontraba de estancia durante mi tesis doctoral, *La vendedora de tiempo*, que sería mi primera novela publicada. La protagonista era rumana y había personajes rumanos, españoles y argentinos. Introduje palabras y expresiones argentinas, que hice revisar por mi amiga Marcela Romano, una de las magníficas profesoras de literatura española que me habían invitado a Mar del Plata. Me sentí feliz: escribía en una lengua que tenía un sinfín de variedades y riquezas en América Latina, en un imaginario que de por sí era una espléndida mezcla.

Acabé esta novela en París, una ciudad clave en mi memoria sentimental, en la que conviven Bucarest, Granada, Nueva York, Mar del Plata, Marsella, Aix-en-Provence y últimamente Málaga. Hablaba y escuchaba todos los días francés y escribía en español sobre personajes rumanos, españoles y argentinos. Era un proceso complejo, pero jamás fue angustioso. Quiero insistir en esta idea, escribo en otra lengua desde la felicidad y el asombro, desde la conciencia de un privilegio. He escrito a veces sobre cosas tristes, perturbadoras, a veces dramáticas, pero siempre la alegría de escribir se ha impuesto a la inquietud que las situaciones evocadas podían despertarme. No sé si el hecho de escribir en una lengua que no era mi lengua materna pudo tener algo que ver con eso, si tal vez me hizo más libre o al menos me dio cierto impulso. En *El expediente Albertina*, mi segunda novela, procuré tematizar la historia reciente de Rumanía (los años ochenta y la Transición hasta la entrada del país en la Unión Europea) a través de dos generaciones y me encontré con la necesidad de trasladar la imbricación entre historia personal e historia colectiva rumanas al español. Mis personajes rumanos hablan español en mis novelas y mis cuentos. El yo poético de mis poemas (en *El sol en la fruta, Caruusel* y *La luz que enciende el cuerpo*) también ama, piensa y sueña en español, un español teñido no solo del imaginario afectivo de la lengua rumana, también del cultural de varias ciudades como Bucarest, París, Nueva York, ciudades que viven en mí mezcladas con su algarabía de lenguas y se escriben en mis textos en español.

Durante muchos años sentí una especie de ligero desasosiego a la hora de elegir los temas de mis novelas y cuentos, un desasosiego que, me daba cuenta, podía desembocar en una especie de autolimitación. Acabé llamando a esta leve desazón el síndrome de la señora Martínez. Algo me detenía a la hora de escribir una frase tan sencilla como "La señora Martínez enfiló la calle Alhóndiga, entró en la pastelería Bernina y, después de haber pedido un petisú y un café con leche, se sentó en una mesa dispuesta a esperar a su amiga". ¿Podía ser capaz yo, una escritora "extraterritorial", de escribir la historia de señora Martínez, de su familia, sus amigas, sus amores, en un escenario situado alrededor de una calle y una pastelería granadinas? Me tomó algún tiempo darme cuenta de que tenía todo el derecho del mundo a escribir sobre la señora Martínez, Granada y la pastelería Bernina siempre que estuviera dispuesta a trabajar con atención y disciplina la historia -y el lenguaje- de mi enigmática protagonista, de su familia, sus amigas, sus amores.

En estos tiempos de preocupantes reivindicaciones identitarias, estoy feliz de escribir en la lengua de Miguel de Cervantes, Antonio Machado, Federico García Lorca, Ángeles Mora o Piedad Bonnett, de que mi lengua materna sea la de Mihai Eminescu, Norman Manea, Mircea Cartarescu, Ana Blandiana o Gabriela Adamesteanu y de que mis compañeros y compañeras en español que vienen de otras lenguas maternas (la rumana o la italiana) sean Corina Oproae o Angelo Néstore. Estoy feliz de que editoriales como Impedimenta, Visor, Tusquets, Pretextos o Galaxia Gutemberg hayan hecho tanto por la difusión de la mejor literatura rumana en España y América Latina. Escribir la mezcla es una alegría y un privilegio.

Libros que se mencionan:

- *El sol en la fruta*, Renacimiento, 2011, premio Andalucía Joven.

- *La vendedora de tiempo*, Espuela de Plata, 2013, prólogo de Luis García Montero.

- *Carrusel*, Visor, 2016, premio Emilio Alarcos.

- *El expediente Albertina*, Edhasa/Castalia, 2016, premio Tiflos.

- *La luz que enciende el cuerpo*, Visor, 2021, premio Hermanos Argensola.

- *Las mujeres de Hopper*, Tres Hermanas, 2022.

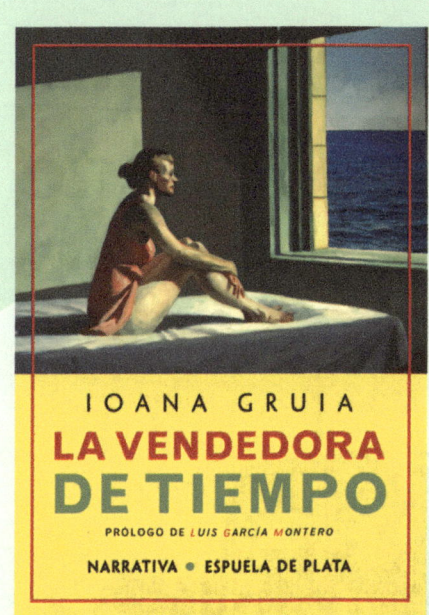

IOANA GRUIA

LA VENDEDORA DE TIEMPO

PRÓLOGO DE *LUIS GARCÍA MONTERO*

NARRATIVA • ESPUELA DE PLATA

Ioana Gruia

Carrusel

XIV Premio Emilio Alarcos

Colección Visor de Poesía

IOANA GRUIA

EL EXPEDIENTE ALBERTINA

CONFIDENTIAL

CASTALIA EDICIONES   edhasa

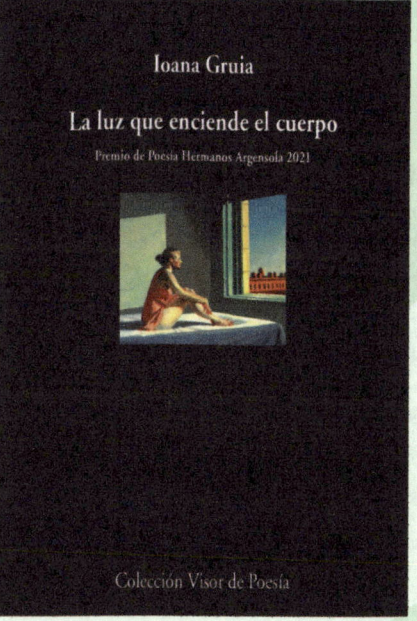

Ioana Gruia

La luz que enciende el cuerpo

Premio de Poesía Hermanos Argensola 2021

Colección Visor de Poesía

Los ojos que vieron a Toledo

POR MARIANO CEBRIÁN

EL MIRADERO

Es frecuente verla caminar con parsimonia por las angostas calles de Toledo agarrada a sus dos bastones, antes era solo uno, pero el paso del tiempo y la edad no perdonan. Otras veces, cuando luce el sol, uno se la encuentra en la terraza de algunos de los locales de hostelería que pueblan el Casco Histórico de la ciudad, junto a la plaza del Ayuntamiento, en Caracena o en el bar La Sierra, al final de la calle de Santo Tomé, donde es asidua. Allí se sienta como una turista más, algo que bien podría parecer por su apariencia, y pide un café o algo de tomar, a lo que acompaña su sempiterno cigarro entre los dedos, vicio que le ha acompaña-do a lo largo de los años.

Sus ojos azules la delatan como guiri en una ciudad en la que no nació, pero en la que lleva casi la mitad de su vida y donde, como ella dice, terminará el resto de sus días. "Una cosa es ser turista y otra ser viajero, que es lo que yo he sido toda mi vida", afirma Renata Takkenberg-Krohn (Berlín, 1940), quien llegó a Toledo por primera vez en 1989 y, desde el principio, siempre se ha sentido como una toledana más. Hasta tal punto que el pasado 23 de enero, coincidiendo con la festividad de San Ildefonso, fue nombrada Hija Adoptiva de esta otrora gran urbe tan cargada de historia.

Ese fue, entre otras cosas, uno de los motivos que la animó a instalarse en esta ciudad, a la que llegó pertrechada con su cámara de fotos, que le ha acompañado durante todos estos años y que le ha dado fama en todo el mundo. Sus imágenes son una crónica de un tiempo, pero también un catálogo de obras de arte, como las que le han llevado en estos años a ser conocida por su trabajo realizado en Toledo, donde se percató de que no había libros de fotografías que retrataran su pasado y su patrimonio, y ella se dedicó a hacerlos.

Con su máquina fotográfica, Renata ha capturado bellos escenarios y personajes de los lugares por los que ha pasado y que dejaron huella en su memoria. Una memoria frágil que, pese a su edad, conserva para relatar a propios y extraños las aventuras y desventuras de una larga vida que ahora le ha castigado con la peor de las condenas para una fotógrafa como ella: la pérdida de la vista.

Nació en el Berlín de 1940, justo cuando Adolf Hitler campaba a sus anchas y quería convertirla en la capital del régimen nazi. Tiempos pretéritos oscuros que algunos 'nostálgicos' añoran ahora, pero que a ella y a su familia les obligaron a abandonar su lugar de residencia debido a los continuos bombardeos de los Aliados durante la Segunda Guerra Mundial. Duros años para una niña que debería estar más preocupada por jugar y aprender que por buscar la manera de huir y esconderse de las bombas que asolaron una ciudad ya bastante hundida por los horrores del nazismo.

De ahí, que sus padres decidieran buscar refugio junto a sus hijos en un bello paraje de la Selva Negra ale-

Con su máquina fotográfica, Renata ha capturado bellos escenarios y personajes de los lugares por los que ha pasado y que dejaron huella en su memoria

mana, en concreto en Sankt Georgen, una pequeña localidad de poco más de 13.000 habitantes actualmente que debe su nombre a un monasterio fundado en 1083 y que recuerda en parte a Toledo. "Casi no teníamos que comer durante la posguerra", asegura Renata, que cuenta con sorna cómo se colaban en las tierras de los campesinos a robar manzanas para llevarse algo a la boca o que ella y otros niños se adentraban en el bosque en busca de comida.

Entre montañas, ríos, lagos y densos bosques de abetos cuyo color puede que sirviera de inspiración para dar nombre a ese paraíso natural, trascurrieron sus años de infancia hasta que con 15 o 16 años sus padres la mandaron a Francia como au pair con una familia de acogida por estudiar y aprender francés. "Pronto me puse a trabajar en oficinas para ganar algo de dinero porque no sólo de pan vive el hombre ni la mujer", dice con la retranca que le caracteriza la fotógrafa alemana-toledana, que comenzó a hacer fotos más por hobby que por vocación, aunque apunta que su madre también fue una apasionada del arte e incluso pintaba en los ratos libres que las tareas domésticas y la crianza de sus hijos la dejaban.

No fue hasta la década de los 70 del siglo pasado cuando Renata comenzó a dar rienda suelta a su pasión por la fotografía y no fue en el continente europeo, sino en América, donde su carrera profesional empezó a despegar. Tras conocer en Hamburgo a Frits Takkenberg, holandés que fuera su marido y padre de sus hijos, se decidió a embarcarse con él en su aventura americana. Primero viajó a Venezuela y poco después a Colombia por el trabajo de él, que fue un importante directivo de la compañía Holland Chemical International.

"Allí tenía mucho tiempo, leía muchos libros y me documenté acerca de los nuevos lugares que visitaba y todo eso me llevó a hacer fotografías para dejar constancia de cada uno de ellos y sus peculiaridades", señala. Fue en Caracas (capital de Venezuela) y sobre todo en Bogotá (capital de Colombia) donde comenzó a hacer un trabajo que, poco a poco, comenzó a ser ensalzado por el retrato social del paisaje y del paisanaje de ciudades y culturas diferentes. Allí fue donde nacieron sus dos hijos, Frederik y Henry, a los que sacaba posando junto a los niños en la calle, en el colegio o en otras situaciones del día a día.

Pero no sólo a ellos. También son dignas de ver las imágenes de gente de la calle, trabajadores e indígenas que, por aquel entonces y ataviados con sus vestimentas tradicionales, cargaban pesados fardos con sus productos para intentar vender algo a los transeúntes o a los extranjeros que, como ella, veían como un dólar andante. "Llevaba mi cámara debajo de mi ropa y una cuchara de metal en la mano por si acaso me robaban", comenta jocosa, aunque reconoce con cierto alivio que "eso nunca sucedió".

"Fueron años muy bonitos los que pasé en América Latina, a pesar de las dificultades y las muchas carencias que allí había", recuerda Renata. Hay que tener en cuenta que en la década de los 70 del siglo pasado, en esa región como en otras partes del mundo y, en concreto en Colombia, que es donde ella y su familia vivieron la mayor parte del tiempo, se desató una profunda crisis de la economía, acompañada de un fuerte desempleo. Eso provocó el fortalecimiento de la economía ilegal, controlada en gran parte por el narcotráfico, para abastecer el consumo del vecino Estados Unidos, donde en esos años el movimiento hippie estaba en pleno apogeo, y por otro lado, un proceso de militarización, el cual utilizó como acto político de expresión y como puesta en escena la forma del golpe de Estado.

Quizá por eso, y también por el nuevo destino laboral de su marido, hicieron las maletas y llegaron a España una década después, para emprender una nueva etapa en sus vidas. Se instalaron en el Madrid de los años 80, una ciudad en plena expansión tanto económica como social y cultural, como se pudo ver con la Movida Madrileña, una época en la que se comenzaron a romper las cadenas con las que la dictadura franquista había mantenido dócil a todo un país.

Fue en la capital española donde Renata Takkenberg-Krohn comenzó a hacerse un buen nombre en el mundo de la fotografía con las instantáneas que realizó de diferentes espacios y rincones que mezclaban lo castizo y lo moderno, una ciudad orgullosa de su pasado pero que, a la vez, comenzaba a despertar del letargo en el que había estado hibernando tras décadas de retraso socioeconómico. "Madrid -relata- por aquel entonces era otra cosa. Siempre iba a tomar un café en la Plaza Mayor o en la del Dos de Mayo y eran lugares tranquilos y la gente era muy amable, no como ahora, cuando el turismo masivo y las prisas han acabado con la esencia de lo que fue".

Fruto del trabajo de esos años son sus primeras ediciones, como un libro fotográfico publicado por la aseguradora Plus Ultra y una colección de fotografías que vendió al Museo de la Villa de Madrid. Unos años muy prolíficos para Renata que le llevaron a relacionarse con muchos personajes del ámbito social y cultural madrileño, y a conocer a los primeros toledanos, que la persuadieron de los encantos de su mítica ciudad. Así es como en las Navidades de 1989, con motivo de una visita a Toledo junto con un amigo, conoció al ceramista y pintor Pablo Sanguino y al anticuario José María Nuñez Narbona, 'Chema', como ella lo ha llamado toda la vida.

"En un día me enamoré de Toledo. Lo nuestro fue amor a primera vista", confiesa la fotógrafa, que desde que puso un pie en las vetustas calles no paró de capturar imágenes de cualquier detalle y de hacer visible lo invisible para el común de los mortales. Fue Pablo Sanguino -descendiente de una familia de ceramistas de El Puente del Arzobispo que instalaron sus fabricas en Toledo en 1956- el que ejerció de cicerone y quien, como gran conocedor de la ciudad, le mostró cada uno de sus rincones y encantos. Tal fue la pasión de la alemana por la antigua capital española que se marcó un claro objetivo: hacerse toledana, algo que ahora ha conseguido y destila 'toledanismo' por los cuatro costados.

Sus ahora maltrechos ojos se fijaron en una casa grande en uno de las mejores zonas del Casco Histórico de Toledo, situada en el número 3 de la travesía de San Torcuato, cerca del paseo de San Cristóbal y junto a la antigua iglesia y convento agustino homónimo de San Torcuato, que fue demolido hacia el año 1870 y del que sólo se ha conservado su portada, trazada por Jorge Manuel Theotocópuli hacia 1618. Este arquitecto también contrató en 1619 la realización de una bóveda sepulcral en este lugar, donde sería enterrado junto a su padre (El Greco), trasladado aquí tras haber recibido sepultura en el año 1614 en otro cenobio toledano, el de Santo Domingo el Antiguo, donde el pintor cretense realizó buena parte de su obra.

Allí, en la conocida como Casa de las Miñacas, se encuentra el lugar en el que Renata vive y en el que, tal y como asegura, pasará los últimos años de su vida, acompañada de los suyos y, especialmente, de su hijo, Frederik, único superviviente de su familia que la visita a menudo, cuyas pinturas y obras artísticas pueblan las paredes de este caserón toledano que fue propiedad del linaje nobiliario Álvarez de Toledo, emparentado con la Casa de Alba.

Frederik Takkenberg, de hecho, es digno heredero de la cultura y bonhomía de su progenitora. Artista polifacético que hace unos años dejó su vida civil para convertirse en monje carmelita y actualmente vive en el monasterio salmantino de Las Batuecas, "pero sin renunciar a una actitud consciente que me convierte en un nómada contemporáneo, en permanente movimiento y evolución", como él mismo se define. Aun así, es habitual ver juntos a madre e hijo, cuando viene a visitarla, por las calles de Toledo o compartir la antigua casona toledana que ambos han recuperado con tanto esmero.

Para más inri, ese fue el mismo lugar desde el que otro pintor alemán, August Bresgen (1888-1987) -conocido principalmente por su labor como copista de cuadros del Greco-, pintó una hermosa estampa del Toledo de principios del siglo XX. El artista germano dibujó uno de sus cuadros más conocidos de la ciudad desde una ventana de la Casa de las Miñacas, una de las casonas más bellas del Casco Histórico que goza, a modo de atalaya, de una de las mejores vistas del flanco sur, con vistas al Valle y al río Tajo serpenteando a sus pies. Las evocadoras ruinas de San Torcuato, la vieja ciudad que emerge tras ellas y la idílica luz del día, captaron de inmediato la atención de Bresgen y fueron motivos suficientes para inspirar esta "fotografía" al óleo.

Casualidades de la vida, o no, fueron las que llevaron a su compatriota y también artista, Renata Takkenberg-Krohn, a caer bajo el influjo de este caserón lleno de historia que estaba en ruinas y que ha tardado más de dos décadas en restaurarlo. Un lugar que te atrapa desde el mismo momento que uno atraviesa su restaurado portón doble de madera rematado con sus bellas tachuelas de hierro y su llamador del mismo material. "Si lo de Toledo fue amor a primera vista, lo que sentí la primera vez que vi esta casa fue auténtica veneración", afirma señalando su alrededor con sus ojos ajados pero llenos de pasión por todo lo que alcanza su vista en mitad de un tradicional patio toledano, muestra del buen hacer de los alarifes mudéjares.

Es en ese patio, en cuyo centro se extiende al piso superior un árbol longevo, como ella, donde comienza una conversación con la fotógrafa germano-toledana, que ha sentido una predilección especial por estos rincones de Toledo: sus patios. De hecho, buena parte de su obra fotográfica encontró la fuente de su inspiración en estos lugares que "antes estaban abiertos al público y los vecinos que en ellos vivían te recibían con amabilidad, pero de un tiempo a esta parte, por el turismo masivo y por la falta de seguridad, se han cerrado, y es una pena", se lamenta. Un trabajo, el de Takkenberg, que sigue los pasos, además, de uno de los mejores fotógrafos toledanos y españoles, como fue Casiano Alguacil (1832-1914).

De ello da fe el historiador toledano Julio Porres Martín-Cleto en la obra de Renata Takkenberg 'Patios de Toledo' -publicado en 1996 por el Colegio de Arquitectos-, donde ya entonces decía que cada día es más difícil visitar los patios toledanos. "Las ordenanzas municipales del año 1900 disponían que los portales estuvieran abiertos desde las ocho de la mañana hasta las diez de la noche: medida adecuada para épocas pacíficas, cuando el gamberro no existía y en las que el zaguán podía servir de refugio temporal en los casos de lluvia, para descargar bultos sin tener que obstruir la calle o para que el cartero o el recadero ocasional pudiera esperar a cubierto a que le dieran acceso al patio. Pero esas épocas pasaron y al sustituir a los porteros de carne y hueso con los automáticos, el portal está siempre cerrado y sin la previa anuencia de un vecino no puede verse el corazón de la casa que es su patio, generalmente más interesante que el resto de la vivienda y sorpresa atractiva para quien, engañado por el seco paredón de la fachada, crea

que en el edificio no hay nada de particular", relata en la introducción del libro.

El patio representa en la arquitectura toledana una de sus señas de identidad con un acceso muy restringido al visitante ocasional. Frecuentemente, están llenos de elementos simbólicos que cargan de significado tanto al espacio vivido como al lugar de paso. El patio es un marco íntimo, privado, exclusivo para los ojos de los habitantes de las viviendas. Puede ser un territorio vedado a la mirada ajena en el que sentarse a departir con la familia, en el que refrescarse en la época estival o en el que, placenteramente, cuidar con mimo las plantas que reposan en sus macetas, jardineras y parterres, tal como hace Renata Takkenberg en el suyo, mientras los gatos olisquean por las esquinas en búsqueda del calor.

Pero, como dice el también fotógrafo y antropólogo toledano Pedro Pablo Salvador Hernández, a la par que amigo de Renata y de su hijo Frederik, "el patio también puede ser la imagen visible que representa a la familia y al propietario de la casa, tornándose entonces en el espejo público del poder, del prestigio, del estatus y de la capacidad adquisitiva con la que mostrarse a los demás. Es aquí donde entra en juego la decoración, los materiales de construcción, la riqueza ornamental de un brocal o el cuidado en la talla o en el acabado de una viga. En realidad, cada patio rebosa de huellas y evocaciones de nuestra compleja condición humana".

Quizá, por eso, esta ventana pública que nos dejan atisbar las imágenes que Renata ha capturado con la persistencia de la investigadora que necesita compartir su emoción ante tanta belleza, es un privilegio que necesita ser saboreado despacio, disfrutando el acceso y contemplando sus fotografías como cómplices de su mirada. Prueba de ese amor infinito por estos espacios son sus libros en los que ha recogido fotografías de más de 300 patios toledanos en las que refleja la vida tanto de los vecinos como de las monjas, así como el rico patrimonio artístico y arquitectónico que se guarda en su interior, como si de un tesoro se tratara. Todo ello les valió a estos espacios únicos para ser declarados Bien de Interés Patrimonial el 14 de enero de 2015 por parte de la Junta de Comunidades de Castilla-La Mancha.

Ella se colaba con su cámara de fotos, hasta hace unos años y siempre con permiso, no sólo en los patios de vecinos, sino también en los de los numerosos conventos que se extienden por la orografía urbana y que representan el 30% del patrimonio artístico del Toledo antiguo. De hecho, los mejores y más conservados pertenecen a estos espacios religiosos, herencia de las casonas que se donaron a la comunidad fundadora. No en vano, la ciudad llegó a contar con 35 edificios conventuales, de los cuales 14 aún mantienen vida religiosa en su interior, a la vez que otros 17 fueron demolidos, como fue el caso de San Torcuato, justo al lado de la morada de la fotógrafa.

"Mi trabajo sólo fue posible gracias a la amabilidad e interés de varias instituciones religiosas, estatales y los propietarios de casas privadas, que me han abierto las puertas para hacer las fotos que se encuentran en mis libros. También he tenido la suerte de encontrar en varios archivos y charlando con los vecinos, personajes que han vivido en las casas y han pisado esos patios", comenta Renata, quien cree que obras como la suya puede ser importante para que las generaciones venideras puedan ver el desarrollo del patrimonio toledano gracias al arte de la pintura y al invento de la fotografía.

La octogenaria fotógrafa alemana, de hecho, ha sido testigo a lo largo de los años que lleva en Toledo ya no sólo de su transformación física, sino también de la de la ciudad, además de los cambios sociales, de mentalidad y de costumbres de sus habitantes, así como de aquellos que la visitan. "Algunas cosas han ido a mejor, pero otras a peor -subraya-: muchas casas se han derruido o tirado, algunos quieren ser modernos y han construido sin ninguna gracia ni ningún color, rompiendo con la estética y la esencia de la ciudad, y muchos de los turistas actuales, no como los viajeros de antes, son incapaces de apreciar los detalles que se esconden en las callejuelas, en las plazas o en cualquier rincón fuera del alcance de sus ojos".

Y es que Renata puede presumir de tener en su haber unas 400.000 fotografías de la ciudad, todas ellas guardadas en sus carretes antiguos y ahora digitalizadas, muchas de las cuales están plasmadas en cinco maravillosos libros. A los dos volúmenes de 'Tesoros artísticos de Toledo' se sumaron otros dos más de 'Patios de Toledo', uno sobre Santa Teresa y otro más sobre Julio Pascual, considerado como el último de los grandes rejeros toledanos en la técnica de la forja. Trabajos a los que se unió el año pasado la última de sus obras, 'Pasos por Toledo', una recopilación de 610 instantáneas tomadas con cámara analógica que hablan, precisamente, del paso del tiempo en la que es su pequeña patria toledana.

Este último libro, apunta Federico Takkenberg, recoge "el fin de una era, porque cuando mi madre termina el proyecto, empieza la era digital, estas son las últimas fotos en el cuarto oscuro, que después se han escaneado, limpiado y equilibrado digitalmente. Además, documenta esa transición del Toledo de los noventa al del siglo XXI. Lo interesante es ver esa transición entre el turismo masivo y las fuertes intervenciones en restauración".

"Es mi visión personal de un Toledo distinto", señala la autora, "con muchos edificios todavía sin restaurar que no tenían nada que ver con como están ahora". No existía el 'muro de las lamentaciones' -como llama de manera despectiva a la fachada del Archivo Histórico Municipal de Toledo que da a la plaza del Salvador- y recuerda una preciosa plaza del Ayuntamiento, con flores y una maravillosa fuente que fue sustituida hace unos años por la obra escultórica titulada 'Tres aguas', de Cristina Iglesias.

PASOS POR TOLEDO

Fotografías de los años 90
en blanco y negro y coloreadas a mano

Renate Takkenberg - Krohn

Incluso los territorios vedados para el común de los mortales fueron capturados por el objetivo de su cámara analógica, como lo demuestran las más de 2.400 fotos de la Catedral Primada que sacó a escondidas de los guardias, "porque antes estaba prohibido hacerlas", desvela, o los descubrimientos arqueológicos que hacían sus amigos arqueólogos, que acudían a ella cuando querían documentar lo que habían rescatado del olvido. De hecho, en su caserón son varias las piezas antiguas de este tipo que atestiguan su otra pasión: la historia y, en concreto, la de la ciudad de Toledo.

Pero no sólo de arte e historia hablan sus fotografías, ya que entre su obra hay un buen número de retratos de personajes ilustres, sobre todo toledanos, de diferentes ámbitos. Una recopilación de ellos se puede ver en la página web de la fotógrafa y artista -https://www.renatetakkenberg.es/-, los cuales realizó entre 1987 y 1991 a un grupo excepcional de personas que indiscutiblemente han influido en su tiempo, estando en la primera línea de la transformación social de Toledo.

Una selección de retratos que, a juicio de Pedro Pablo Salvador Hernández, "es una clara muestra de la calidad artística de Renata Takkenberg. Sus imágenes son retratos con alma, con un gran poder narrativo y con la capacidad de contar una historia por sí mismos, apoyándose casi siempre en algún guiño simbólico (un pincel, un gesto con las manos, un contexto espacial o cualquier otro marco de referencia, etc.) o en algún elemento psicológico de la persona retratada".

Entre las personalidades que en ellos aparecen, destacan figuras tan dispares como el ciclista Federico Martín Bahamontes, el atleta José Luis González, el músico Miguel Bermejo, el fontanero José Luis Bermúdez, el carpintero y ebanista Alfonso Dueñas López, pero también artistas como la escritora y compositora Fina de Calderón, pintores como Tomás Camarero o Cecilio Mariano Guerrero Malagón, a los que se suman un buen número de artesanos, políticos, sacerdotes, monjas y otros individuos que poblaron el Toledo que la fotógrafa alemana retrató.

Una ciudad a la que le debe todo, pero que también le ha recompensado ahora con el título de Hija Adoptiva con el que el Ayuntamiento de Toledo la reconoció el pasado 23 de enero. "Estoy encantada, pero me gustaría más que compren mis libros", reconoce entre risas, pero dejando claro que ese es el mayor reconocimiento de cualquier artista, que al final se valore su obra como se merece. "Quizá dentro de cien o trescientos años me haga famosa, ya que la fotografía es un documento histórico muy importante", dice con cierta nostalgia al rememorar que hasta hace unos años aún revelaba las fotos en su sótano.

Y después de una vida tan fructífera y laboriosa, ¿le queda todavía algo por hacer o algún deseo por cumplir? "Volver a ser joven y, sobre todo, recuperar mis ojos para seguir haciendo fotos", responde Renata Takkenberg, que no pierde nunca su humor, a la que dejamos mirando por uno de los ventanales de su caserón, vislumbrando a lo lejos el eterno abrazo del Tajo a la ciudad de Toledo.

Luis Solano

Editor de Libros del Asteroide

" La única manera de publicar libros buenos es publicar pocos "

ENTREVISTA POR VÍCTOR M. MARTÍN
FOTOGRAFÍAS DÍDAC BALANZÓ

En los primeros años de este siglo, el mercado editorial español vivió un momento de efervescencia extraordinario. Al calor de intentar ofrecer una edición de calidad y literaria que hiciera frente a los grandes grupos que manejaban (y manejan) el cotarro, entre 2000 y 2009 nacieron editoriales independientes como **Sexto Piso, Alpha Decay, Periférica, Errata Naturae, Blackie Books, Capitán Swing** o **Impedimenta**, por citar sólo unas cuantas. Ahí es nada.

El relevo generacional llegó por esa bendita obsesión de unos cuántos visionarios por querer diversificar el mercado, apostando por nichos específicos poco transitados hasta ese momento y autores emergentes. El resultado fue la aparición de alternativas *rebeldes* a las grandes editoriales que enriquecieron notablemente el panorama literario español. Esta irrupción de talento brutal buscaba resistirse a la homogeneización que las grandes corporaciones editoriales del momento adoraban cual becerro de oro. En un contexto de concentración editorial que sólo iría a peor con el paso de los años, estos proyectos buscaron mantener la diversidad cultural y literaria, alejándose de las lógicas comerciales predominantes en la época y de la que estos gigantes han sido incapaces de desligarse.

Entre esas editoriales, en 2005 nació **Libros del Asteroide**, de la mano del gallego afincado en Cataluña, **Luis Solano**. El brillo del Asteroide ha dejado atrás el tenue rastro luminoso con el que se asomó al firmamento editorial español y nadie duda ya que Libros del Asteroide es hoy día una de nuestras grandes editoriales. Si se me permite, GRANDE con mayúsculas.

Con la **Feria del Libro de Madrid** recién inaugurada, Luis se prestó a atendernos en la cafetería de su hotel, cercano al Parque del Retiro que durante 17 días sacará brillo (no sabemos también si esplendor) al mercado del libro español.

Pregunta: *Vamos a empezar por lo más reciente, que ha sido el cumpleaños de Libros del Asteroide (en adelante, LDA): 20 años ya en las librerías, desde ese lejano 23 de mayo de 2005, en el que irrumpisteis con En busca del barón Corvo, de A.J.A. Symons y A la caza del amor de Nancy Mitford. A mí, 20 años, en una editorial independiente y en España, tal como está el mundillo, me parece un exitazo.*

Respuesta: La verdad es que pasa el tiempo volando, como la vida, parece que empezábamos ayer. Echando la vista atrás, viendo dónde estamos ahora, estoy muy contento porque vivimos un momento en el que la editorial ha tenido un crecimiento muy natural y sostenido, sin grandes picos ni bajadas, sino que hemos crecido muy sostenidamente. Creo que estamos en el mejor momento de estos veinte años, tengo la sensación de que los libros que publicamos ahora son los mejores de nuestro catálogo: el nivel de lo que estamos sacando es muy alto, como lo es el nivel en el que trabajamos, comercializando los libros, promoviéndolos, editando los textos... Tenemos un equipo estupendo, muy profesional en lo que hace cada uno. Echas la vista atrás y te das cuenta de que en realidad no es fácil hacer esto: poner una editorial en marcha, que se mantenga, que no pierda dinero... La inercia ayuda, y mucho, pero lo malo de la editorial es que cada año tienes que renovarte y sacar 20 novedades, quieras o no. La exigencia es diaria.

P: ¿Con qué antelación trabajáis? ¿Ya sabéis lo que vais a publicar en 2026?

R: Los plazos varían si el libro es extranjero o español. Si es un libro extranjero, suele publicarse entre 18 y 24 meses después de la compra; si es español, un poco menos. Nosotros tenemos cubierto ya lo que vamos a sacar los próximos 18 meses.

P: En la web de LDA tenéis un artículo conmemorativo del aniversario, con una suerte de ideas que os han movido desde el primer momento. Tengo apuntadas cuatro que me parecen muy interesantes: la primera de ellas, publicar poco y bien. Creo que esto, que lo habéis hecho desde un primer momento y lo seguís haciendo, es ir un poco contra corriente...

R: En España se publica mucho, y a veces, no se cuidan mucho las cosas. La idea que hay detrás de Asteroide es crear una marca de la que los lectores se puedan fiar, pero también los libreros y los periodistas. Desde el primer momento hemos querido que cuando un librero viera un libro nuestro, supiera que va a ser un libro bueno, que le puede dar determinado espacio porque no le va a fallar. Y la única manera de sólo publicar libros buenos es publicar pocos. Si tuviéramos que encontrar 50 libros nuevos (y buenos) cada año, sería muy complicado.

P: LDA publica 21-22 libros al año. ¿Habéis tenido la tentación de subir a 25, a 30, a 40...?

R: Yo estoy muy cómodo con el número de libros que publicamos. Lo que si puede pasar es que ahora estamos publicando muchos más autores españoles que en nuestros inicios y existe un poco más de compromiso con ellos, hay que darles más continuidad. De un autor extranjero, en un momento dado, puedes *saltarte un* libro y dejarlo fuera si no te ha gustado, o si crees que es un libro muy local. Pero a un autor español eso no se lo puedes hacer. Lo que creo que nos va a pasar es que, al tener ahora más autores vivos, vamos a ir creciendo algo. Pero yo creo que 25, 26, 27 títulos es lo máximo que podemos manejar relativamente bien, sin pisarnos a nosotros mismos. Si de repente, un librero ve que le llegan este mes muchos libros del Asteroide, o inundas a la prensa de ejemplares de cortesía de novedades, no le van a hacer caso. Y mi idea es poder empujar todos los libros de la mejor manera posible. Si ahora publicáramos 40, estoy convencido que habría 10 o 15 que pasarían completamente desapercibidos.

P: Más de 260.000 ejemplares anuales vendidos, una facturación que sobrepasa holgadamente los 5 millones de euros. ¿Cuánto más puede crecer la editorial y seguir siendo sostenible, con presente y con futuro?

R: Creo que la editorial es muy sostenible, con tendencia a crecer, y los crecimientos, a veces, se vuelven peligrosos... No se trata tanto de crecer en el número de novedades, lo que hay que hacer es vender más, pero con lo mismo. Al final, un editor lo que tiene que hacer es publicar libros, pero, sobre todo, tiene que venderlos bien. Ahora, por ejemplo, hemos empezado con esta colección de libros pequeños, que nos va a permitir publicar textos que hasta ahora no podíamos meter en la editorial, porque no tenían hueco, no había manera de publicarlos. Eso nos va a permitir crecer un poquito en el número de novedades, pero no mucho, dos o tres más cada año, cuatro a lo sumo. LDA es muy sostenible y lo que pretendemos es mantener la imagen de marca tan potente que tiene, que no se pierda, sino al revés: que vaya a más, que la editorial sea cada vez más prestigiosa, porque será la manera de lanzar otros autores.

P: *Precisamente, la segunda idea de la que quería hablar es la de crear una marca editorial. Eso es una prueba superada, vuestro libro se distingue perfectamente en los estantes de cualquier librería. ¿Ese logro os puede permitir relajaros en ese sentido? ¿Estáis tan consolidados a nivel de marca que no hay mucho que cuidar?*

R: No, yo diría más bien que es lo contrario. Si miras un poco el catálogo, hay algunas cubiertas que son muy buenas, pero luego hay otra que... Por ejemplo, ahora hemos reeditado **Mantícora**, de **Robertson Davies** y le hemos cambiado la cubierta porque no nos gustaba nada la original. Nunca nos gustó esa cubierta, no dábamos con una que nos gustase, pero teníamos que ir a imprenta y al final acabamos poniendo una que no nos gustaba.

P: *Tengo en casa los dos libros que habéis publicado de Ivan Doig, en un amarillo ver-*

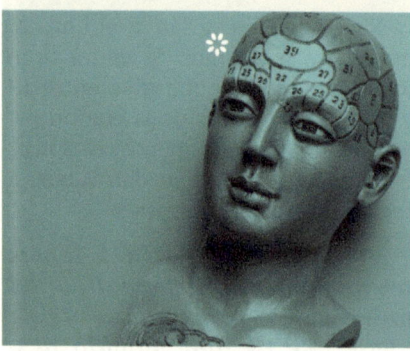

doso muy similar, y en la franja blanca de uno de ellos, Verano en English Creek, el texto se lee regular...

R: Estas cosas pasan, y poco a poco lo vamos corrigiendo en ediciones posteriores. Creo que ahora ponemos más esfuerzo que antes en cada una de las cubiertas: las hacemos con más tiempo, ya tenemos cerradas todo lo que sale este año. El único truco es meter horas hasta que encuentras una que te gusta. Esta es una de las razones por la que es muy bueno cerrar los libros con antelación, algo complicado para una editorial pequeña como la nuestra. Pero nosotros eso cada vez lo estamos haciendo mejor, y podemos enviar los libros a los libreros y a la prensa con más antelación.

P: *El elemento más característico de vuestros libros son las cubiertas con faja, y sois de las* *de las pocas editoriales que la habéis integrado de tal manera que esas fajas no molestan. Te lo dice un tipo anti-fajas total...*

R: Eso es cosa del diseño de **Enric Jardí**, que hace que funcionen muy bien, y nos permite poder decir en la faja algo diferente. Siempre intentamos tener un *copy* para cada libro, una frase que le describa más allá de la imagen de la cubierta, más allá del título, del autor y de la traducción. Son unas camisas que reproducen la parte de abajo del libro y nos permiten que aguanten bien en las librerías porque están muy bien integradas en producción y no se rompen tanto.

P: *Son casi las fajas perfectas... Yo llego a casa con un libro con faja, y me falta tiempo para quitarla, si no la he quitado ya en la librería. Pero todos los libros que tengo vuestros mantienen su faja (si el libro me llegó con ella).*

R: Insisto en que todo es mérito del señor Enric Jardí. En cambio, yo las tiro todas.

P: *La tercera idea sobre la que quería charlar era la de querer publicar libros con vocación de permanencia. Eso me ha recordado al libro de Laurence Cossé, La buena novela (Impedimenta), en la que un comité de expertos cuya identidad es secreta eligen las obras que solo se venderán en esa librería. Entiendo que todas las editoriales, sobre todo las independientes, tienen que diferenciarse de alguna manera de los grandes monstruos e intentar dejar su huella en el tiempo.*

R: Ese libro con vocación de permanencia nos hace estar fuera del ruido de lo más inmediato. La permanencia no es tanto imponer un canon sino configurar un catálogo que soporte el paso del tiempo, incluso que mejore con el transcurso de los años, asegurarte de que son libros que al lector le va a merecer la pena leer, una y otra vez y no envejecerán.

P: *Esa es otra de las cosas que habéis conseguido: me atrevería a decir que un alto porcentaje de los lectores que tenéis, con independencia de géneros o autores, se llevan vuestros libros porque son de LDA.*

R: Es lo que pretendimos hacer desde un primer momento: que la editorial fuera la prescriptora como tal.

P: *La última y cuarta idea de ese mini manifiesto era que la lectura se haya vuelto un espacio de resistencia. Ahora con tanto estímulo mediático, las redes sociales y la jungla en la que se han convertido, las plataformas de televisión, la extinción del pensamiento crítico es casi una realidad.*

R: El espacio de resistencia lo compartimos con cualquier otra persona que edite libros para que alguien los lea y reflexione, ese espacio en el que el lector huye de la polarización de las redes, de la atención permanente que te exigen, ese espacio que te ofrece un poco más de reflexión, de aislamiento, de volver a ti mismo. Esos espacios pueden ser las librerías. Durante la pandemia nos dimos cuenta de que tanta sobre conexión, tanta videollamada nos ponía nerviosos, nos inquietaba; y el libro, en cambio, nos permitía un momento de intimidad, reflexionar, aislarnos del caos que nos rodeaba.

P: *Volviendo al diseño, ¿habéis tenido en algún momento la tentación de cambiar o dar un giro grande a vuestra imagen? ¿Existe alguna relación entre el color y la temática y/o los autores?*

R: La única vez que nos planteamos eso fue en nuestros inicios, cuando llevábamos muy poco tiempo, en el que el distribuidor amenazó con que igual el formato no era el más adecuado (12,7 x 20 cms.). Luego nos dimos cuenta de que necesitábamos un tamaño un poco más grande (14 x 21,5 cms.) porque los libros de mucho texto se nos iban de páginas. Sin embargo, sigo creyendo que ese tamaño inicial nuestro era un formato buenísimo, porque cabe en cualquier sitio. Y al final, cohabitan los dos. Pero nunca hubo dudas acerca del diseño.

P: *Sabes que al lector con TOC por el tamaño de los libros, eso le vuelve loco: ordenas los libros por números, y resulta que el nº 13 tiene un tamaño y el 14 es un poco más grande.*

R: No lo había pensado. En la editorial los tenemos ordenador por números y no queda mal que unos sean más grandes que otros... A mí me gusta.

P: *No te puedes imaginar cómo son algunos lectores: examinan los libros de arriba abajo...*

R: Ayer, en la Feria, estaba sacando de la caja el libro **La casa de verano**, de **Masashi Matsuie**, y de repente, una señora abre la primera hoja y había una esquinita que estaba doblada, te estoy hablando de un doblez que no creo que fuera de más de 10 ó 15 milímetros, casi inapreciable a la vista. Y me dice, ¿me puedes dar otro que esté mejor? Por supuesto que se lo di, pero interiormente pensé otra cosa.

En cuanto al color de los libros, tiene que ver con que no se repitan en la mesa de novedades libros con el mismo color. Intentamos que varíen a lo largo de la temporada, y luego, si hay algún libro que es un dramón, no pones un color muy oscuro, si es un libro sobre Auschwitz, no usas el rosa. Pero más allá de eso, no hay teoría alguna.

P: *Con vuestro séptimo libro, El quinto en discordia, os dieron el premio Llibreter en 2006, cuando todavía no llevabais ni un año en las librerías. ¿Presión añadida o bendita presión?*

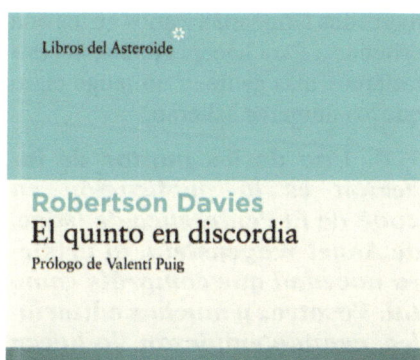

Robertson Davies
El quinto en discordia
Prólogo de Valentí Puig

R: Ese premio nos ayudó muchísimo, fue un chollo lo de *El quinto en discordia*. Funcionó muy bien, incluso **Babelia** lo puso en el top cinco de los mejores libros del año (2006). Fue una dosis de confianza y seguridad en nosotros mismos, la confirmación de saber que podíamos acertar eligiendo libros valiosos. El Llibreter permitió que los libreros se dieran cuenta de que nuestros libros eran buenos y fiables, y a la vez, eran libros que podían llegar a mucha gente. Nosotros buscamos libros que sean literariamente muy valiosos y a la vez puedan llegar a muchos tipos de lectores. Nuestros libros no son para una selecta minoría, aunque yo creo que a la selecta minoría también le gustarán, pero en realidad, son libros pensados para que puedan llegar a mucha gente.

P: *De esos primeros títulos, ¿recuerdas más o menos las* **ventas? ¿Cuándo tuviste la sensación de que la cosa iba bien, que a los lectores les gustaban vuestros libros?**

R: El éxito de *El quinto en discordia* fue la confirmación de que íbamos por el buen camino. No recuerdo las ventas de esos primeros libros, pero todos se vendieron relativamente bien. Al principio, nuestro objetivo era sobrepasar el punto de equilibrio de cada título, que es cuando las ventas de ese libro te permiten recuperar los costes variables asociados a él (los derechos, la imagen de la cubierta, la maquetación, la traducción, la corrección, etc.). Pero te diría que desde el primer momento, casi todos los libros que publicábamos superaban ese punto de equilibrio, y si no llegaban, se quedaban muy cerca.

P: *¿Cuantos ejemplares marcan vuestro punto de equilibrio?*

R: Depende. Sobre una tirada estándar de 3.000 ejemplares, para una novela extranjera, entre 1.200 y 1.400 ejemplares. Si el libro es de un autor español, entre 600 y 800 ejemplares.

P: *Ahora que la editorial tiene ese prestigio, el colchón para las caídas será mayor, pero supongo que esos primeros dos o tres años, la miedo de elegir un libro que no funcionara en ventas sería grande. ¿Como de peligroso era equivocarse con un libro en el 2007 y como lo es ahora?*

R: Ahora es mucho más peligroso porque tienes mucho más prestigio acumulado que entonces. Ahora, la gente te exige mucho más que al principio, cuando eras una editorial pequeña.

P: *Me refería sobre todo al tema económico, a invertir un dinero en un libro en el que depositas muchas esperanzas y luego, por lo que sea, ese libro no se vende. ¿Eso puede ocasionar, o podía, un agujero preocupante en las cuentas de la editorial?*

R: Ahora hay también una exigencia económica mayor, porque los primeros libros que sacamos eran clásicos modernos, más baratos que contratar novedades, y había menos competencia. Ahora hay más riesgo comercial porque a veces hacemos tiradas más largas, pero, en cualquier caso, ese riesgo lo manejamos relativamente bien. Es fundamental acertar con las tiradas iniciales. Si haces un lanzamiento muy grande de un libro, vas con una primera edición brutal y luego el libro se vende poco, el librero podría tener la sensación de que no se ha vendido un carajo. Eso es algo que nosotros hemos intentado evitar desde el principio, por recomendación de nuestro distribuidor: es mejor estar muy atento y reeditar rápido, que meter este empujón inicial demasiado grande. Si sales con 5.000 ejemplares y vendes 2.000, no es la misma sensación que si sales con 2.000, lo vendes todo y de una reedición de 1.000, vendes 500 más. Y esa percepción la hemos cuidado desde el primer momento para que el librero sintiera que nuestros libros se venden bien.

P: *En LDA sois seis o siete personas. ¿Ese es el tamaño ideal para este tipo de editoriales?*

R: En nuestro caso, sí. Las siete personas que somos podemos hacer estas 22 novedades al año relativamente bien, sin apuros, controlar los mercados latinoamericanos en los que estamos... Para hacer el doble, necesitaríamos más gente, y no tengo claro que los números salieran.

P: *Uno de los puntos de inflexión es la publicación en 2008 de El Pentateuco de Isaac, de Angel Wagenstein, la primera novedad que compráis como tal. Vosotros y muchas editoriales, cuando empiezan, lo hacen con libros ya publicados pero que están descatalogados, o con libros que en España eran inéditos, pero con un gran prestigio fuera de nuestras fronteras. ¿Es posible crear una editorial partiendo de cero donde el punto de partida sea la novedad y no el caladero de clásicos?*

R: En mi caso, fue un tema de contactos. Si yo vendiera la editorial para montar otra, podría seguir haciendo lo mismo que hago ahora, porque ya tengo los contactos para llegar a obra no publicada. Pero para el editor que yo era cuando empecé, que no era editor todavía, que me estaba formando, era una manera muy buena de empezar. También depende de la línea editorial que quieras tener. Nosotros, en aquel momento, lo que queríamos era publicar solo libros buenos y la manera de ir sobre seguro era buscar los libros que son clásicos en otro país, que ya se han publicado en otro sitio y han funcionado.

P: *En tu biografía también aparece que trabajaste en Planeta para poner en marcha el libro electrónico, el gadget que iba a enterrar al libro en papel. Ya estamos en 2025 y no hay atisbos de que eso vaya a pasar, por lo menos con el libro digital.*

R: Intenté hacerlo lo mejor posible, pero el problema era que **Planeta**, junto con **Microsoft**, había lanzado una Tablet PC que no había funcionado. La implantación que Microsoft esperaba de ese gadget no se produjo y como no había una base implantada de aparatos, no había nadie que pudiera leer. Al grupo le sirvió para organizar mejor sus procesos, para saber en qué formatos había que guardar los libros para luego, en un futuro, poder explotarlos digitalmente. La suerte que hemos tenido los que trabajamos en el mundo del libro, lectores incluidos, es que el aparato electrónico que permite la lectura digital permite, también, muchísimas otras cosas que son estímulos constantes para el uso del aparato. Y la lectura es justo todo lo contrario.

P: *¿Qué aprendiste de tu paso por Planeta para que te decidieras a ser editor?*

R: Lo que aprendí fue el funcionamiento económico, cuánto cuesta una traducción, qué hay que hacer para sacar un libro... Me permitió ver las tripas del negocio desde dentro.

P: *¿Crees que el e-book ha cambiado de alguna manera la forma en que se lee y en que se escribe?*

R: No, no lo creo. Lo que igual sí que ha cambiado es el impacto de las redes, que está reduciendo la capacidad de atención del lector. En ese sentido, sí que veo más peligro, creo que cada vez hay más lectores a los que les cuesta leer una novela de 500 páginas.

P: *Te lo preguntaba porque leí en una entrevista a un editor (cuyo nombre no recuerdo o no quiero recordar) que como aho-*

ra puedes llevar en tu Kobo 50, 70, 100, 200 libros, determinado tipo de lector, si en las primeras páginas del libro no han destruido la Torre Eiffel, han muerto 80 personas o han dado un golpe de estado en Washington por parte de los rusos, dejaba el libro y se pasaba a otro porque lo tenía tan a mano...

R: No sé, igual a un lector muy específico... Lo que creo que el libro electrónico ha cambiado es la falta de atención, que es lo que me preocupa. Ahora, cuando elegimos un libro extenso, como editor te lo tienes que pensar más que hace diez años, porque va a costar más que la gente lo lea.

P: *Puede que dependa del tipo de libro, porque entre los superventas o los libros de fantasía, sigue estando de moda el tocho, la trilogía...*

R: Puede ser, pero mi impresión es que cada vez cuesta más que un lector tenga el tiempo suficiente para dedicárselo a un libro extenso. El lector, ahora, tiene menos tiempo libre del que tenía antes, porque cuando lo tiene lo ocupa con el teléfono móvil. Esa reducción de los tiempos de espacios de lectura es lo más peligroso, en mi opinión.

P: *En el manifiesto del grupo Contexto en el que LDA está junto con Impedimenta, Sexto Piso, Nórdica y Periférica, se puede leer que abogáis por las causas comunes. ¿El sector editorial actual también aboga por las causas comunes? ¿Crees que está ahora más unido que cuando empezaste en 2005?*

R: En general, sí, es un sector bastante unido, sobre todo si lo comparamos con otros. Tenemos unas reglas de juego, básicamente el precio fijo, que todo el mundo más o menos respeta, somos conscientes de la importancia del ecosistema de librerías, del valor de la mercancía con la que estamos comerciando... Es un sector, comparado con otros, muy generoso porque todo el mundo entiende su fragilidad y la importancia de mantenerse unido para su supervivencia.

P: *En alguna entrevista tuya ya antigua hablabas de la complicidad de los medios de comunicación con los premios literarios y con las carreras de determinados autores. ¿Crees que en ese sentido hemos avanzado o algo?*

R: No demasiado, sigue habiendo un poco de seguidismo con esto. Siempre se da más caña a un autor más joven... Y tengo ejemplos recientes que me han contado, un autor llamando al editor de un periódico pidiendo explicaciones porque no han puesto su libro en la lista de recomendaciones de Navidad. ¿Qué es esto de que de repente un libro haya que meterlo en esta lista de Navidad porque ha recibido una llamada de este tipo? Pues esas cosas siguen pasando.

P: *A los lectores que conozco, en general, no les noto muy entusiasmados con los suplementos literarios en España.*

R: Tampoco hay mucho donde elegir. Yo creo que están todos bien, pero el prestigio lo orientaría no tanto al suplemento como tal sino a la firma del crítico de turno. A mí lo que me interesa es la firma de esa crítica. Cuando leo una reseña, me fío de las que firma **Nadal Suau**, **Fresán**, **de Rodenas**... Y me he dejado muchos en el tintero... Hay un grupo de críticos que son referenciales y hay otros que me interesan menos, porque no están tan formados para ver y entender las cosas que están fuera de su onda. Los suplementos literarios tienen ahora menos influencia, pero eso tiene que ver con las redes sociales, la gente busca recomendaciones en otros sitios. Antes, las recomendaciones venían, sobre todo, de los suplementos literarios, pero ahora... Es la democratización de la difusión cultural, que a veces es buena y a veces no tanto. Ahora, cualquiera puede recomendar sin filtro, y por menos de nada, su recomendación se viraliza.

P: *¿Cómo valorarías la actual red de librerías independientes?*

R: Es lo mejor que tiene el mundo del libro, es un milagro. Cuando yo empecé en el mundo del libro, las dos profecías eran que el libro electrónico se iba a cargar al de papel y que las librerías independientes iban a desaparecer. Y nada de esto ha pasado. Es una maravilla que haya tanta librería, tanto entusiasmo, tantos libreros profesionales que empiezan y pueden dedicarse al negocio y vivir decentemente.

P: *Salvo excepciones, no te vas a hacer de oro. Es difícil que un editor se haga millonario, aunque los haya; y es difícil que un librero se haga millonario, aunque a lo mejor pueda haber alguno, pero la gente sigue empeñándose en abrir una librería, aunque sepa que le va a dar lo justo para vivir.*

R: Este sector es muy vocacional, el librero no gana mucho, pero por otro lado, se está autoempleando, y eso le permite también cierta realización profesional e independencia. No tienes que pedir vacaciones a nadie, aunque luego no te las cojas, pero tienes esa sensación de libertad. Y por supuesto, todos los que estamos ahí es porque nos gusta la literatura: a los libreros, a los editores, y es la manera de estar más cerca de lo que nos gusta.

P: *Ayer tuve una conversación muy agradable en la librería con una pareja de Tarragona. Viene él y me dice, "soy lector de novela negra, llevo leyendo novela negra 25 o 30 años y estoy un poco hasta el gorro de asesinatos. Voy a seguir leyendo novela negra, pero quiero descubrir otras cosas, ¿qué me recomiendas?". Le recomendé unos libros (entre ellos, cualquiera de Wallace Stegner), se los apunté en un papel, él también me recomendó libros a mi... Yo le decía, "cuando llegues a Tarragona, ve a tu librería de confianza y píde-*

le que te los consiga". Esos ratos son muy agradables. Es un tipo que viene de fuera de tu ciudad y con el que te puedes estar charlando como si le conocieras de toda la vida. Son momentos impagables.

R: La librería tiene mucho de comunidad, el libro crea una comunidad de lectores a los que atiende y con los que se relaciona. También veo que esa parte del *trabajo* les gusta mucho a los libreros vocacionales, es como tener una parroquia allí.

P: *¿Qué les dirías a esos lectores que piensan que el libro es caro?*

R: El libro es barato. Si el libro es bueno, es barato. Si el libro te ha gustado, es barato. Si te ha dado 15, 20 horas de placer, es muy barato. Yo considero que los libros que hago son buenos y cuando el libro cumple su promesa, no se puede dudar de su precio.

P: *Veo tu apuesta y la subo. Creo que incluso el libro malo también es barato, porque a lo*

mejor no me ha gustado a mí, pero a ti te puede parecer maravilloso, esa es una de las grandezas de la lectura: que leyendo tú y yo el mismo libro, en realidad estamos leyendo libros diferentes. ¿Cuánto cuesta una cena en un restaurante del montón? ¿Cuánto vas a pagar por un concierto que sólo puedes disfrutar una vez? En cambio, el libro lo puedes volver a leer, prestárselo a un amigo, regalarlo, es un bien permanente que va a estar siempre a tu lado.

R: Y oye, si no ha gustado el libro, que lo venda alguien, porque seguro que saca tres eurillos en un mercado de segunda mano y hace feliz a otra persona...

P: Una de tus obsesiones como editor es que el catálogo de LDA sea coherente, coherencia que se la das tú porque eres el "seleccionador". Al final, el catálogo de LDA es un reflejo de tus gustos y tu evolución como lector. ¿Ha cambiado mucho el Luis Solano lector de 2005 del Luis Solano actual?

R: Soy el mismo lector con más intereses y con más lecturas. No han dejado de interesarme cosas que me interesaban hace veinte años, pero sí voy creciendo como lector y cada vez me interesan más cosas. Pero mis elecciones son siempre desde la posición central de la editorial, elijo lo que creo que es coherente con todo ese espacio que se va ampliando, y a medida que vas publicando libros de temática diversa, autores diversos, literaturas diversas, se va ampliando el espectro, pero sigue siendo coherente.

P: Un editor asume dos roles: el de lector para seleccionar los mejores libros; y el comercial, porque es capital vender esos libros. ¿Ese reparto de roles tiene que ser 50-50 o hay que cargar más la mano en alguno de los dos?

R: Tienes que asumir los dos al 100%. Como editor, tienes que elegir y publicar los mejores libros posibles y tienes que venderlos mejor que nadie. Al final, la única razón de ser de un editor es vender. De nada sirve editar libros maravillosos si luego no eres capaz de venderlos. Tienes que hacer las dos cosas mejor que nadie. Si una de las dos la haces mal, no serás un buen editor.

P: ¿Cómo de lejos o cerca se encuentra España al respecto de la profecía de André Schiffrin de dirigirnos hacia una edición sin editores?

R: A pesar de los tiempos que vivimos, de TikTok y toda esa mierda, estamos más lejos que en el año 2000.

P: ¿Estamos en buenas manos?

R: No sé si estamos en buenas manos o no, pero desde luego, con esta hiper abundancia de información y contenidos, el editor es más necesario que nunca. Esa es mi percepción.

P: ¿Cuál es la tirada media de los libros vuestros?

R: Lo normal está entre 3.500 y 5.000 ejemplares. Si no lo vamos a exportar igual es un poco menos. Si lo vamos a exportar, entre 3.500 y 5.500 es una tirada normal.

P: *Pero imagino que resultados previos condicionarán tiradas futuras. Por ejemplo, Maggie O'Farrell. ¿Cuánto habéis vendido de Hamnet?*

R: Alrededor de 150.000 ejemplares, incluyendo las exportaciones.

P: *Cuando vas a sacar El retrato de casada, que fue el libro que siguió a Hamnet, la tirada ya no podía ser la misma de Hamnet, por muy buena que fuera esta.*

R: Si es un libro de Maggie O'Farrell, igual salimos con 20.000.

P: *Pero libros de esos habrá pocos, me imagino...*

R: Sí, claro. Nosotros publicamos alrededor de 22 libros al año, y la inmensa mayoría, están entre 3.500 y 5.500, y luego, puede haber dos o tres apuestas más arriesgadas.

STONER

John Williams

P: *¿Algún libro que haya pasado por tus manos, lo hayas descartado y te arrepientas de haberlo hecho?*

R: Sí, **Stoner**, por ejemplo.

P: *¿Stoner lo tuviste en tus manos?*

R: Sí, pero en aquel momento...

P: *Es uno de mis libros favoritos, uno de los que recomendé al lector de Tarragona.*

R: También es uno de mis libros favoritos, pero cuando lo leí me dejó tan triste y te ha hecho polvo que pensé que no. Luego me he dado cuenta de que, si un libro te deja triste y hecho polvo, es buena señal... Me equivoqué.

P: *Para ir acabando, un poco de actualidad. La polémica del año: el libro El odio, de Luisge Martín. ¿Qué me puedes contar?*

R: No lo sé, no lo he leído.

P: *Pero como editor y lector, ¿qué opinión tienes al respecto? ¿Tú lo habrías publicado?*

R: No, a mí no me interesa nada ese tipo de libros.

P: *Si Luisge viene ahora a ofrecértelo, le vas a decir que no.*

R: Le habría dicho que yo, ese libro, no lo quiero leer, y si no lo quiero leer, tampoco lo quiero editar. Es lo único que tengo que decir.

P: *El hecho de que un juez diga que el libro se puede publicar y Anagrama haya dado un paso atrás, ¿es para preocuparse?*

R: No sé si es para preocuparse. Yo no lo he leído, pero si el libro fuese tan bueno, ya encontrará a alguien que lo publique, ¿no? Me interesan muy poco estos libros, son testimonios que me dejan mal. No me interesan.

P: *¿Crees que hay un exceso de libros publicados en España?*

R: Seguramente sí. Pero no sólo en España, en toda Europa, hoy día es tan barato poner un libro en la calle... Por eso se publica más de lo que se debiera. Pero ahí no hay nada que hacer.

P: *Parece que el sistema sí puede soportar, al menos de momento, estas cifras. Pero en el hipotético caso de que el nivel de producción fuera todavía a más, ¿llegará un momento en que las editoriales, sobre todo las grandes, que son las que mueven más el mercado, se plantearán bajar el nivel de producción? ¿O esto es una espiral de la que ya no vamos a salir?*

R: Creo que las editoriales grandes se dieron cuenta y bajaron el nivel de producción un poco. Se dieron cuenta que no podían empujar y promocionar tantos libros como ellos quisieran, y si no tienes tiempo para promocionarlos, para venderlos...

P: *¿Tú tienes esa impresión, que las grandes han bajado el ritmo de publicación?*

R: Al menos, eso decían ellos. Lo hicieron después de la crisis y lo acentuaron durante la pandemia.

P: *No sé qué decirte, en la librería nosotros cribamos mucho, pero...*

R: Es que donde la sobre publicación es un problema es en la librería, que es la que tiene que hacer la criba.

El sector inunda el mercado de libros y es en la librería donde se produce el embudo. Es el librero el que tiene que discriminar, el que tiene un problema. ¿Pero quién le pone el cascabel al gato? ¿Quién decide qué libro es valioso o no? El distribuidor hace su trabajo, que es intentar colocar todos los libros de sus editoriales, pero el problema es para el librero. Es una putada, ya lo sé...

P: *Pero ese problema termina afectando a todo el mundo, porque yo tengo que seleccionar a unos niveles que no se imagina nadie, y luego, ante tanta publicación, devuelves lo que no vendes. Y eso afecta a todos. Bueno, al distribuidor quizá menos, pero a la editorial le termina afectando porque de repente le van a devolver unos libros que creía vendidos.*

R: Sí, eso es cierto.

P: *Según las últimas estadísticas, la tasa de lectura en España es del 65%. ¿Tú te crees ese dato? Porque yo creo que la gente postura bastante cuando le hacen esa pregunta.*

R: Lo que habría que saber en qué se basa la tasa de lectura, si es alguien que lee un libro al año, o dos, o cinco... Yo creo que lo realmente importante es que seamos conscientes, *todos*, que la lectura forma mejores ciudadanos en todos los sentidos para que la sociedad sea mejor, más igual, más avanzada. En el colegio tenemos que seguir formando lectores y lo que hay que hacer es luchar para que el nivel de lectura, sea el que sea, mejore. Y desde luego, asumir que nuestra tasa, comparada con la de nuestros vecinos y socios de la Unión Europea, no es tan buena.

P: *Si ahora mismo quisieras volver a sacar la editorial, ¿te sería más fácil?*

R: Qué va... Ahora es más difícil porque hay menos hueco. Tengo la sensación de que las editoriales independientes que empezaron en los últimos 5 o 10 años lo tienen más difícil que lo tuvimos nosotros y también que la consolidación de estos dos grandes bloques [por **Penguin Random House** y **Planeta**], que tienen cada uno el 25 % de la literatura que se publica en español hace que cada vez sea más difícil para una editorial pequeña ponerse en marcha. Y esto es un poco preocupante. Es la diferencia fundamental que veo con el año 2005, esa concentración tan bestia y la dificultad que hay en el sector de que nuevas iniciativas que están haciendo bien las cosas puedan crecer y consolidarse. A esas nuevas editoriales les cuesta mucho encontrar algún libro que venda mucho para poder hacer un poco de caja e invertir ese dinero en profesionalizarse más. Una librería, si le va muy bien, siguen haciendo lo mismo. Pero una editorial, si le va bien y gana dinero, tiene que invertir ese dinero en hacer mejores libros, difundirlos mejor, comprar libros mejores, ir a más ferias... Y las editoriales pequeñas pueden, con suerte, mantenerse, pero les resulta casi imposible conseguir los recursos para crecer y hacer las cosas mejor.

P: *Si tuvieras que preparar una cápsula del tiempo de LDA, ¿qué libros elegirías para representar a la editorial de aquí a 100 ó 200 años?*

R: ***El maestro Juan Martínez que estaba allí***, de **Chaves Nogales**, *En lugar seguro*, de **Wallace Stegner**, alguno de **Robertson Davies**, *El español que enamoró al mundo*, de **Ignacio Peyró**, por incluir algo de literatura española, y el primer libro que publicamos de **Maggie O'Farrell**, ***Tiene que ser aquí***, que a mí me gustó más que *Hamnet*.

45

Una escritora pequeña, muy pequeña

POR OLIVIA VICENTE
ILUSTRACIÓN DIVERGENTE[84]

> *Quien desee definir con precisión en qué consiste el hechizo que emana de la prosa inimitable de Natalia Ginzburg, se verá metido en apuros.*
>
> *Herido leve*, Eloy Tizón

«Leer es estar en movimiento», dice Marta Sanz en *Los íntimos* (2024). Y no puede parecerme una mejor definición. Porque, desde que aprendí, primero, a juntar letras y, después, a interpretarlas, me he sentido dentro de un tren cuyas vías se han ido extendiendo delante a medida que iba eligiendo unas obras, posponiendo otras y obviando muchas, quizás más de las que yo quisiera. Leer crea una geografía doméstica que conduce a encrucijadas, túneles, precipicios y puentes a medio construir. Cómo cada lector llega a una obra, a un autor, constituye un misterio. Cada elección diseña una nueva cuadrícula, una red de líneas horizontales y verticales que, espaciadas de manera uniforme, va completando un mapa de textualidad variable. Leer y seguir leyendo. En la particularidad habita el hechizo de las palabras. Llegué a Natalia Levi un enero de 2021, pero hasta ella hubo antes un sinuoso trayecto.

No recuerdo el primer libro que leí. Envidio a quienes meten en un cajoncito del cerebro esas epifanías a las que recurren para fechar los hitos de su vida. Siempre he sido desordenada, de escasa memoria, lectora de chispazos, salvando las obligaciones, expuesta al capricho de mis falanges proximal, media y distal de mi dedo índice. Donde se posa, en la esquina de la cabeza o corte superior de un libro, nace la curiosidad. Una mañana de sábado, mi índice eligió *Secuestrado*. Habíamos ido mi amiga Patricia y yo a la biblioteca municipal. Nos gustaba hacer siempre el mismo recorrido: subíamos por la calle del doctor Olivares hasta La Marina y, caminando por Santa Clara, llegábamos al ayuntamiento viejo y, poco después, a la plaza de Claudio Moyano. No era raro encontrar por el camino al filósofo Agustín García Calvo, al que leería después en su edición de *Edipo Rey*, pero eso lo dejo para otro día. A veces, para prolongar la ansiedad de ponerme a leer, alargaba el paseo hasta el parque del castillo, donde, si iba sola, y no con mi vecina o mis hermanos, empezaba la primera página en un banco de piedra, bajo la arboleda que me cobijó de algunas tristezas y sirvió de marco bucólico para los primeros besos en una adolescencia *grunge* y rebelde. Aquellos paseos por Zamora, mi ciudad natal, aún me acompañan cuando voy a otras bibliotecas. El autor de *Secuestrado*, Robert Lewis Balfour Stevenson (1850-1894) tuvo claro desde pequeño que lo suyo era la escritura y no la ingeniería ni el derecho. A los 22 años constituyó la sociedad *Libertad, Justicia y Reverencia*. Aunque duró un suspiro, su máxima resume a la perfección cómo quiso vivir y escribir. «Haz caso omiso de lo que tus padres te hayan enseñado» bien puede aplicarse a

No recuerdo el primer libro que leí. Envidio a quienes meten en un cajoncito del cerebro esas epifanías a las que recurren para fechar los hitos de su vida.

un trabajo, una novia o, ¡cómo no!, un legado literario para romper con todas las normas. En *Secuestrado* (1886), Stevenson relata el paso de la adolescencia a la edad adulta de su protagonista, David Balfour. El inocente muchacho, tras morir sus padres, sufre el engaño de su tío, quien lo vende como esclavo para quedarse con la herencia familiar. David, tras sobrevivir a un naufragio, luchará codo con codo al lado del jacobita Alan Breck. Su vida pegó un giro de 180 grados, igual que la mía, pues, si ya tonteaba con la escritura, sus aventuras por las Highlands escocesas me condujeron a dar saltos por la naturaleza, más agreste y menos cabal, de mis bosques, héroes y heroínas. Las múltiples peripecias de David reflejan los pasos que eligió su autor, convencido viajero hasta que la muerte lo ancló a la cima del monte Vaea, en la isla de Upolu. «Seré nómada hasta el fin de mis días», le escribía a su madre ya en 1874. En la primera lectura, desconocía que detrás de la historia de David Balfour se esconde una verdad. Stevenson reconoció en una carta que se basó en el manuscrito de Benedict Strandford, pariente del protagonista de las aventuras, un tal David Strandford. Tampoco sabía que, según otra hipótesis, publicada en 2010 bajo el título *Birthright: The True Story that Inspired KIDNAPPED*, las aventuras de David Balfour se inspiraron en James Annesley, casi punto por punto. Sea como fuere, ni entonces ni ahora, que vuelvo a releer el clásico, conocer estos datos le han robado a los paisajes de Escocia ni un ápice de su hechizo. En desorden, se sucedieron *Catriona* (1893) —la segunda parte de *Secuestrado*—, *La isla del tesoro* (1983), *El extraño caso del doctor Jeckyll y míster Hyde* (1886). Mis vías del tren se ampliaron con cada ida y venida a la biblioteca. Tomaba nota en unas tarjetitas que guardaba en un pequeño fichero de cartón. Escribía los datos bibliográficos, un breve resumen y una recomendación que casi nadie leía. Patricia me lo recordó en la presentación de mi novela *Donde ya no hay adiós*, ya hace cuatro años, en la librería Semuret. Entre el sonido del viento, que golpeaba los escaparates, y las mascarillas de pandemia, que me sirvieron para ocultar el pudor, levantó la mano para mentar mi caligrafía de niña empollona y ufana. Mi obrita, puesta entre otras novedades y clásicos, parecía tan vulnerable como la infancia que Patricia me ayudó a recordar y en la que, no obstante, los libros siempre fueron aliados sólidos donde sustentarme. En estos recuerdos, se funden la niñez, los pantalones rotos de los 16 años y la inseguridad que vendría después de terminar mis estudios de filología en la Universidad de Salamanca. Pura ansia, quería todas las lecturas. Prestadas, compradas, robadas. Alguna me quedé a lo Roberto Bolaño, aunque, después de leída, la devolví. Hay tanta culpa como mitificación en la lectura.

Mi primera biblioteca fue la de mis padres. En el mueble del salón, apilados en doble fila, no cabían más libros. Te podías encontrar obras en el recibidor de la entrada, en cajones, en un rincón del pasillo. Los libros siempre estuvieron colocados en cualquier lugar. A mis padres siempre los recuerdo leyendo el periódico, libros gordísimos de historia, relatos en inglés o alemán, *el Quijote*, la *Odisea*. Cuando a mi madre le bailaba alguna fecha o nombre de un suceso, acudía, en mitad de la comida, a la enciclopedia. Creía que todas las casas eran así, con inquietudes, con una mamá que recitaba versos de Shakespeare y una biblioteca ampliada peseta a peseta. Descubrí que no, que la biblioteca que habían atesorado era un regalo único para sus tres hijos. También descubrí, o me hicieron descubrir en el colegio, que el mejor regalo de cumpleaños o Reyes Magos no eran los libros y que yo era una rarita por esperar con ansiedad esas fechas. Poco a poco, cada uno de los hijos fuimos formando nuestra biblioteca: mi hermano pequeño sobre todo leía fantasía, ciencia ficción, gusto que compartía con mi hermana mayor; yo, sin embargo, tiraba más hacia el realismo, aunque disfrutaba mucho con las aventuras y las recomendaciones que nos intercambiábamos. *Los tres mosqueteros* y *El conde de Montecristo* de Alejandro Dumas, *Los escarabajos vuelan al atardecer* de Maria Gripe, los cuentos de Poe, *El príncipe Valiente* de Harold Foster—cuya colección completa compramos mi hermana y yo con las propinas de la abuela—, *el Hobbit* de Tolkien, uno de los relatos que más fascinaron a mi hermano, engrosaron la biblioteca de nuestros padres en los escasos huecos que quedaban en el piso.

Aunque me habían regalado muchos libros, no fue hasta mis años salmantinos que tomé conciencia plena de mi profesionalización como letraherida. Porque ser filólogo es, ante todo, ser lectora, estar en movimiento. En el pisito de Salamanca, que compartí con una estudiante de medicina y otra de empresariales, tuve una estantería de metal pintada de blanco. Era tan inestable que, si no ponía lo más pesado en la parte baja, se venía al suelo de un soplido. Pero papá me montó una de madera poco después. Allí puestos, los libros parecían los estratos de la Tierra: abajo, los ficheros con apuntes; en la segunda balda, los diccionarios de español, inglés, griego y latín, la obra de arte de María Moliner, la *Enciclopedia del lenguaje* de David Crystal y los manuales de las diferentes materias que iban escalando altura a medida que avanzaba la carrera; el resto, en orden cronológico y alfabético, la literatura en español desde la Edad Media hasta 1975. Aprendí también que, aunque estuviera acabando el milenio, la literatura posterior a la muerte de Franco solo existe en librerías y bibliotecas, pero no en los currículos académicos. Los títulos ocuparon toda la estantería en los cuatros años de carrera y, después, cuando regresé a la casa de mis padres para preparar las oposiciones de Secundaria, pasaron en cajas de cartón al dormitorio en el que aún estaban colgadas las fotografías de actores y actrices de Hollywood, dos pósteres —uno de U2 y otro de Nirvana— y una lámina sobre *Rebeca* del ilustrador José Ramón Sánchez. Mi padre montó de nuevo la estantería de madera, pero, como no cabía en la habitación, la colocó al lado de otros módulos en el pasillo. Mis libros retomaron la compañía de sus hermanos, de sus padres. Pero pronto, en su afán por moverse, conquistaron las baldas y huecos de los estantes que les correspondían a mi familia. El regreso al piso de mis padres fue duro. Las oposiciones, el estudio de mañana y tarde, enfermó mi relación con la lectura. Creo que fue el año que menos leí en mi vida, si exceptuamos los textos que tuve que preparar de cara a las pruebas. Todo era materia examinable, despellejable en comentarios lingüísticos, literarios, pragmáticos. La biblioteca se transformó en una morgue y yo en su forense. No aprobé a la primera. El veneno se extendió durante dos convocatorias más, aunque menos virulento. No me avergüenza reconocerlo. La lectura es movimiento, pero a veces una solo puede moverse a la pata coja. Afortunadamente, y de manera paradójica, la docencia me ayudó a recuperar unas ganas adormecidas.

Durante esas décadas, desde mis lecturas infantiles en casa y los paseos a lo Stevenson hasta mis clases en un pueblo de cuyo nombre no quiero acordarme, no me percaté de que mi movimiento, mis vías del tren, eran desparejas: se habían levantado sobre textos en su mayoría escritos por hombres. Y esto sí me avergüenza reconocerlo. En mi biblioteca había un par de libros de Carmen Martín Gaite (*Entre visillos* y *La Reina de las Nieves*), *Los pazos de Ulloa* de Emilia Pardo Bazán, poemas firmados por Rosalía de Castro, Ana María Moix, Alejandra Pizarnik o Gioconda Belli en antologías, el *Frankenstein* de Mary Shelley. Poco más. ¿Dónde estaban las mujeres? No en mis apuntes de la carrera.

Salvando tacañas excepciones, eran anécdota, incluso en los sacrosantos y devocionales Deyermond, Canavaggio o Mainer. ¿Cómo, siendo una lectora ansiosa, en pleno movimiento, no me había dado cuenta de esta ausencia tan bochornosa? La culpa. Otra vez. Gracias a las clases me di cuenta de mi mirada estrecha y quise ponerle remedio partiendo de una obra excepcional, tanto por su genialidad como por su triste vigencia: *Un cuarto propio*, de Virginia Woolf (1882–1941). La autora británica escribe con tal lucidez que sus palabras son siempre contemporáneas. En relación a su coyuntura histórica, dice así: «La independencia intelectual depende de cosas materiales. La poesía depende de la libertad intelectual. Y las mujeres han sido siempre pobres, no sólo por doscientos años, sino desde el principio del tiempo. Las mujeres han tenido menos libertad intelectual que los hijos de los esclavos atenienses». Desde 1928 ha llovido mucho, casi cien años. La escritura siempre ha sido un oficio de señoras, no solo de señores. Pero ni las circunstancias político-sociales, ni económicas, ni culturales, ¡ni educativas!, han favorecido que sus obras hayan sido igual de visibles que las de sus colegas masculinos. O tal vez estemos imponiendo en ocasiones un criterio anacrónico a la hora de enjuiciar el pasado. Ana Valtierra Lacalle, doctora en Historia y Teoría del Arte por la Universidad Autónoma de Madrid, en la introducción a *Ella habla, las ciudades se derrumban* (2024), libro que la editorial Espinas ha publicado para recuperar la figura de Enheduanna, la primera persona en firmar sus escritos, es decir, la primera autora, plantea una pregunta decisiva: «¿Por qué asumir que eran varones y escandalizarnos por proponer que fueran mujeres?». Este interrogante nos hace pensar en la autoría de las pinturas rupestres, por ejemplo, o en todos los hallazgos anónimos que han sido bautizados con el genérico masculino. En Mesopotamia era habitual que las mujeres desempeñaran oficios vinculados a la escritura. La diosa Nisaba era la divinidad del grano, la música, la literatura y la escritura, además de ser la escriba del resto de los dioses. No resulta extraño entender y reconocer la figura de Enheduanna (2285 – 2250 a.n.e.), Suma Sacerdotisa del Imperio Acadio, cuyas composiciones sirvieron de ejemplo a escritores y escritoras posteriores. Su borrado de la historia parece responder no a una actuación de sus contemporáneos, sino a una intervención posterior. Borrar a una autora, a su obra, es otra violencia más que se ejerce sobre las mujeres. Gran parte de la recuperación de Enheduanna en el mundo hispánico se le

debe a Irene Vallejo, quien reivindica en *El infinito en un junco* (2019) su nombre como pionera en la literatura universal. De ella dice que sus himnos «resuenan todavía en los Salmos de la Biblia». Enheduanna escribió más de mil años antes que Homero y, sin embargo, pocos lectores conocemos su existencia. Alicia de la Fuente, fundadora de la editorial Espinas, encontró en esas palabras de Vallejo un tesoro para explorar y su edición de *Ella habla, las ciudades se derrumban* quiere ser un riel de acero para guiar en la toponimia femenina ignota y olvidada. La necesidad de conocer el contexto de las mujeres, no solo de las escritoras, es una idea que defendió Virginia Woolf en *Mujeres y ficción* (1929), ensayo recogido en *El estrecho puente del arte* (2023) y que, escrito antes que *Un cuarto propio*, será inspiración para este. Woolf advierte que «Solo cuando descubramos cuáles eran las condiciones de vida de la mujer promedio —cuántos hijos tenía o de cuánto dinero disponía, si dormía en un cuarto propio o si recibía ayuda para criar a su familia, si tenía sirvientes o si algunas de las tareas del hogar formaban parte de sus quehaceres—, cuando sepamos cuál era la posición social y la calidad de vida de la mujer ordinaria, seremos capaces de medir el éxito o el fracaso de la mujer extraordinaria como escritora».

Después de darme de collejas, porque el asunto las ameritaba, me puse en movimiento, un movimiento más lúcido y atento a nombres que, a pesar de mi formación, apenas habían resonado en mis oídos y lecturas. Se abrieron recorridos viarios más enriquecedores que completaron la visión del mundo que me habían ofrecido las firmas masculinas. Pero, sobre todo,

gané más libertad. Si hasta ese momento apenas había conocido la literatura desde los ojos de las escritoras; si las mujeres que había comprendido habían sido retratadas por hombres; ¿por qué aferrarme a una perspectiva amputada? Si el canon literario tradicional se ha abordado desde el academicismo masculino —Harold Bloom solo consideraba merecedora a Jane Austen de formar parte de su obra *El canon occidental*, 1994—, ¿no debería, no deberíamos revisar el canon y nuestra biblioteca personal? ¿No deberíamos recalcular la ruta, plantear que nuestros trenes han viajado a la pata coja, apoyados en la mitad de los raíles? Hoy en día, por poner un ejemplo sencillo, en el temario de Lengua castellana y Literatura para la prueba de acceso a la universidad de la UCLM, entre todos los autores solo se menciona, en la teoría, a Carmen Laforet. En el práctico, sin embargo, no aparece ni siquiera una autora: Benito Pérez Galdós, Antonio Machado, Juan Ramón Jiménez, Federico García Lorca, Miguel de Unamuno, Camilo José Cela, Luis Martín-Santos, Ramón María del Valle-Inclán y Antonio Buero Vallejo. Ni Emilia Pardo Bazán, ni María Zambrano, ni Mercè Rodoreda, ni Carmen Martín Gaite, ni Ana María Matute, ni Josefina Aldecoa, ni Rosa Chacel. ¿En serio? ¿Ninguna de estas autoras merece por su calidad literaria el estudio y la dedicación que sus pares masculinos? Hay quienes opinan que no, que si no están es porque no son tan buenas y no reparan en que los temarios, los libros de texto, las materias que integran los diferentes planes de estudio, están diseñadas por personas y que esas personas, por inercia o por desconocimiento —no quiero pensar que haya intención aviesa, por supuesto—, se han olvidado de su aportación a la cultura literaria en España. Poco ha cambiado el temario de selectividad desde que me presenté a la prueba en 1997. Este borrado empobrece la historia de la humanidad. Porque sin la manera de concebir el oficio de la escritura por parte de las mujeres, cualquier estudio e investigación del hecho literario carece de rigor. Nosotras, las mujeres, somos la mitad de la población mundial. ¿O es que acaso, repitiendo las palabras de Jacky Fleming en *El problema de las mujeres*, «antiguamente no existían las mujeres, de ahí que no nos las encontremos en las clases de historia del colegio»? Donde pone *historia*, sustituyamos por la materia que nos dé más rabia.

Virginia Woolf me marcó tanto como Robert L. Stevenson. Quise entonces acercar mis lecturas a otras personas que compartieran las mismas inquietudes, pero no sabía cómo.

Un día me invitaron a hacer un taller de radio y de repente todo encajó. La radio y la literatura siempre han congeniado. Semanas después de iniciar el taller, una mañana de septiembre de 2017, me puse delante de un micrófono para leer el primer guion de un segmento al que bauticé Maldito Libro. Reseñé *En la colonia penitenciaria* (1919), uno de los cuentos más perturbadores de Franz Kafka. Al año siguiente, Gustavo y yo fundamos Luna Roja: él se encargaría de la parte técnica y yo de darle cuerpo al programa a partir de Maldito Libro, la sección estrella. Pasaron meses, años de radio, una pandemia. En la búsqueda de nuevos invitados, conocí a Diego Tomasi, un escritor de Buenos Aires que está obsesionado con los mapas, el fútbol y Julio Cortázar. Acaso todo sea lo mismo. Conversamos, tras grabar la entrevista, por WhatsApp. ¿Has leído...? ¿Y a...? ¿Qué opinas de...? ¿En Argentina se ha publicado este...? ¿Y en España aquel...? Idas y venidas de mensajes con desfase horario nos trasladaron de una región a otra, de un siglo a una generación, de un poemario a una lista de manías ante un libro. Llegamos a Italia, al siglo XX, al grupo Einaudi, a Italo Calvino, al que yo había disfrutado mucho con *El barón rampante* (1957). «¿Conoces a Natalia Ginzburg?», leí en la pantalla del móvil. Ginzburg, Ginzburg, Ginzburg, pensé casi invocándola. Fui a una librería y me compré todas las obras que tenían en los estantes. Primero leí *Domingo. Relatos, crónicas y recuerdos*, luego *Y esto fue lo que pasó* a la vez que *Las pequeñas virtudes*, finalmente *Léxico familiar*. Maravillosamente publicadas por las editoriales Acantilado y Lumen, subrayé, anoté en los márgenes, doblé páginas, puse banderitas de colores. Entre todas las frases, me sorprendió cómo se definía: «una escritora pequeña, muy pequeña». La remarqué tres veces.

Dramaturga, traductora de Marcel Proust, Gustave Flaubert y Guy de Maupassant, biógrafa de Antón Chéjov, articulista de *La Stampa* y del *Corriere della Sera*, destacó en la renovación literaria italiana de posguerra en los géneros breves: el cuento, la novela corta, el ensayo y el artículo periodístico. Fiel defensora de los textos volátiles, ajenos a taxonomías, mezcla en sus obras la denuncia y la memoria, lo público y cívico con las relaciones personales y familiares, la ficción con la filosofía y el pensamiento humanista. Natalia Levi nació el 14 de julio de 1916 en Palermo. Su madre, Lidia Tanzi, y su padre, Giuseppe Levi, hacían un tándem muy curioso, tal y como refleja en su novela *Léxico familiar*. Lidia era católica y Giuseppe, un judío librepensador, aunque no eran practicantes. Tanto ella, que era ama de casa, como él, científico anatomista, fueron partidarios de educar en casa a sus hijos, los cuales solo iban a la escuela a superar los exámenes oficiales. Natalia, la pequeña de los cinco, siempre fue muy observadora. Le encantaba leer y rebuscaba, feliz de hallarse entre libros, en la generosa biblioteca de su padre. Esta pasión por la palabra la hereda de sus lecturas y de su madre, que de joven escribió poesía y una opereta. La familia se muda de Sicilia a Turín por exigencias laborales. Allí Natalia, con 17 años, conoce a Leone Ginzburg, profesor de universidad experto en ruso y lenguas eslavas, cofundador —junto a Giulio Einaudi—, de la editorial Einaudi y opositor al régimen fascista de Benito Mussolini. Se casan cinco años después, en 1938, y ella toma su apellido: Natalia Ginzburg. Juntos tendrán tres hijos: Carlo, Andrea y Alessandra. Tras la entrada de Italia en la II Guerra Mundial, destierran a Leone a los Abruzos, una región al este de Roma. El *confino* consistía en un exilio interior a un pueblo alejado. Allí Natalia escribe *El camino que va a la ciudad*, obra que publica con pseudónimo dado que las Leyes raciales de Mussolini prohibían cualquier afiliación judía. Natalia trabaja como correctora y editora junto a Leone, Giulio, Cesare Pavese e Italo Calvino en Einaudi. Entre todos ellos surge una sólida amistad y compromiso político. La editorial publica historia, ciencia, humanismo, literatura. Nombres tan relevantes como Pavlov, Trotsky, Gramsci, Shólojov, Pushkin o Dostoievski, desafiaron al fascismo entre 1936 y 1940. La editorial será absorbida por el grupo Mondadori en 1994. Tras el fin del dictador, la familia regresa a Roma. El 20 de noviembre de 1943 la Gestapo arresta a Leone, que era miembro de la Resistencia antifascista, y lo interroga. Natalia relata en *Domingo. Relatos, crónicas y recuerdos* el pavor que precedió al arresto y la nada que lo secundó: «En los días que transcurrieron entre el 8 de septiembre y el primero de noviembre de 1943 sentí constantemente un gran miedo. Después, en los meses que siguieron, dejé de tener miedo. [...] Dejar de tener miedo no quiere decir necesariamente haberse vuelto valiente. Dejar de tener miedo puede significar, sencillamente, que el miedo nos ha abandonado, y que en el lugar en el que antes estaba el miedo ahora hay un vacío». Leone muere a consecuencia de las torturas el 5 de febrero de 1944.

Natalia, aún muy afectada por la pérdida de Leone, publica en 1947 su segunda novela corta: *Y esto fue lo que pasó*. «Escribí esta historia para sentirme un poco menos infeliz. Me equivoqué», explica en la nota. En cien páginas, asistimos a la confesión de una mujer, que, cansada por las infidelidades de su marido, le pega un tiro entre los ojos. Lo relevante no está en el asesinato sino en cómo la protagonista transita por la mentira y sale de su infierno. La novela, muy desasosegante, contiene reflexiones acerca de la sexualidad, el matrimonio y el papel de la mujer que son dignas de enmarcar, como esta: «Y sin embargo a mí me daba la sensación de que yo nunca había sido capaz de vivir y de que ya era demasiado tarde como para aprender, [...] no había hecho otra cosa que mirar fijamente en aquel pozo oscuro que había en mi interior». En 1950 se casa con Gabriele Baldini, profesor de literatura inglesa, y serán padres de Susanna y Antonio. Comienza su época de esplendor con la publicación de sus mejores obras: *Nuestros ayeres* (1951), *Valentino* (1957), *Las palabras de la noche* (1961), *Las pequeñas virtudes* (1962) y *Léxico familiar* (1963), obra con la que gana el Strega, premio equivalente al Cervantes. En *Mi oficio*, ensayo que forma parte de *Las pequeñas virtudes*, la narradora y ensayista italiana hace un recorrido desde los primeros poemas, pasando por sus cuentos de personajes masculinos, hasta encontrar su identidad. Al principio, le parecía que la calidad de sus textos residía en sonar varonil: «los personajes que creaba eran casi siempre hombres, para que fueran distintos y lo más alejados posible de mí». Su inseguridad no es un caso aislado. Tres décadas antes, Virginia

Woolf comenta en *Un cuarto propio* que Oscar Browning, destacado educador, historiador y escritor británico de la época victoriana, consideraba que «la mejor de las mujeres era intelectualmente inferior al peor de los hombres». Al igual que muchas otras

Al igual que muchas otras escritoras, Virginia se sintió presionada a imitar el estilo masculino para ser valorada

escritoras, Virginia se sintió presionada a imitar el estilo masculino para ser valorada, para ser tenida como auténticas escritoras, lo cual «es fatal para el que escribe [...]. Es fatal ser un hombre o una mujer pura y simplemente; hay que ser viril-mujeril o mujer-viril». Apuesta por la androginia, un estilo que no sea deudor de la limitación ni encasillamiento por los roles de género, para hallar la autenticidad. Considera tan «andrógino» o genuino a Shakespeare como a Jane Austen. Ambos desaparecen en sus obras: «no conocemos a Jane Austen y no conocemos a Shakespeare», sino que sus figuras se evaporan para dejar su rastro en el lenguaje. Por eso se ríe de Napoleón o Mussolini, prototipos de hombres que se ponen «nerviosos» si son criticados por una mujer: «la imposibilidad de que una mujer opine que tal libro es malo [...] sin provocar más sentimiento y más ira que si opinara un hombre. Pues si ella quiere decir la verdad, la imagen del espejo encoge; su capacidad vital disminuye». Woolf también explora la cuestión del género en su novela *Orlando* (1928). Su protagonista cambia su sexo, de varón a mujer, y eso modifica su escritura, su modo de ver la vida: «Todos menos yo tienen su pareja, reflexionó, al atravesar desconsoladamente el patio. [...] "Y yo, la dueña de todo esto", Orlando pensó, echando una mirada al pasar a innumerables ventanas heráldicas del *hall,* "estoy soltera, estoy impar, estoy sola"». Estas nuevas preocupaciones la sorprenden. Ahora es mujer, pero antes, cuando era varón, «Nunca se le habían ocurrido cosas así». A través de la voz del narrador, satiriza el concepto *literatura escrita por mujeres* según el pensamiento de sus contemporáneos y predecesores: «Seguramente, ya que es una mujer [refiriéndose a Orlando], una mujer hermosa, una mujer en su plenitud, pronto abandonará este simulacro de escribir y pensar y pensará en un guardabosque, aunque sea (y con tal que piense en un hombre, a nadie le parece mal que una mujer piense). Y luego le escribirá una esquelita (y con tal que escriba esquelitas, a nadie le parece mal que una mujer escriba), y lo citará para el domingo al atardecer y vendrá al atardecer del domingo, y el guardabosque silbará bajo su ventana —lo cual, naturalmente, constituye la esencia de la vida y el único tema de la literatura». En este sentido, al igual que la escritora inglesa, Ginzburg necesita justificar la masculinización de sus textos y halla en la autobiografía un aliado perfecto para analizar su arte y legitimarlo ante lectores, críticos y otros escritores: «La ironía y la perversidad me parecían armas muy importantes en mis manos; me parecía que me servían para escribir como un hombre, porque entonces deseaba ardientemente escribir como un hombre, me daba pavor que a través de las cosas que escribía se pudiera inferir que era mujer». Pero, además, le sirve para reflexionar sobre la materia de su oficio, que «se nutre también de las cosas horribles, se come lo mejor y lo peor de nuestra vida, en su sangre fluyen tanto nuestros sentimientos malos como los buenos. Se alimenta y crece en nuestro interior». Los once textos que conforman *Las pequeñas virtudes* son pura filosofía. Breves, frescos, melancólicos, abordan la guerra, los recuerdos, la desilusión, la belleza y el terror de vivir en un periodo convulso.

Léxico familiar (1969) es un homenaje a la grandeza de las relaciones humanas y el reflejo de su ética y estética literaria. La familia, la pareja, las amistades son el centro de esta narración a camino entre la novela y las memorias. En esta obra, Natalia habla de los Levi, una familia, bulliciosa, culta y antifascista que vive en el norte de Italia durante veinte años, de 1930 a 1950. Con un lenguaje sencillo, pulcro, próximo a la oralidad, se recrea en el fulgor de los detalles, en el significado y trascendencia de los episodios cotidianos: «Cuando yo era pequeña y vivía en casa de mis padres, si mis hermanos o yo volcábamos un vaso encima del mantel o se nos caía un cuchillo, mi padre tronaba: "¡No hagáis groserías!"». Lejos de proezas laudables, toda la fuerza reside en la palabra, en la jerigonza del hogar: «Para mi padre los "palurdos" eran las personas que se comportaban torpe y tímidamente, las que se vestían de forma inapropiada, las que no sabían montañismo y las que no sabían idiomas». Su madre, por ejemplo, «decía que ir de excursión al monte era "la diversión que el diablo daba a sus hijos"». Y es que cada término, cada expresión, identifica a los miembros de la familia: «"Para vosotros todo es la casa de Tócame Roque. Ésta es la casa de Tócame Roque", decía siempre mi abuela (queriendo decir que para nosotros no había nada sagrado), frase que se hizo célebre en la familia y que solíamos repetir cada vez que nos entraba la risa en los entierros o en los funerales». *Léxico familiar* es la puesta en práctica de su teoría narrativa. Es una novela, un ensayo, una crónica, una suerte de cuentos enlazados, un alegato contra las injusticias, un homenaje a los escritores que amó y al taller artesanal de la escritura. Contiene, como dijera en *Las pequeñas virtudes*, «Los días y los asuntos de nuestra vida, los días y los asuntos de la vida de los demás a los que asistimos, lecturas e imágenes y pensamientos y conversaciones […]».

Quizás por eso mismo, por buscar en los días y los asuntos, en territorios francos que no estuvieran ocupados por la epopeya de la testosterona, que las escritoras han encontrado en lo cotidiano, en lo aparentemente anodino, su materia narrativa y su manera de entenderse. Natalia Ginzburg murió en 1991. En esa fecha ocupaba en el Parlamento su escaño de diputada comunista. Su reivindicación de lo nimio, lo personal como vía para explorar la condición humana, resulta transformadora, irónica. La escritora pequeña, muy pequeña, se convirtió en una de las autoras más notables de su generación.

Escritora, directora de Luna Roja, profesora de Lengua y Literatura

15 de abril de 2025

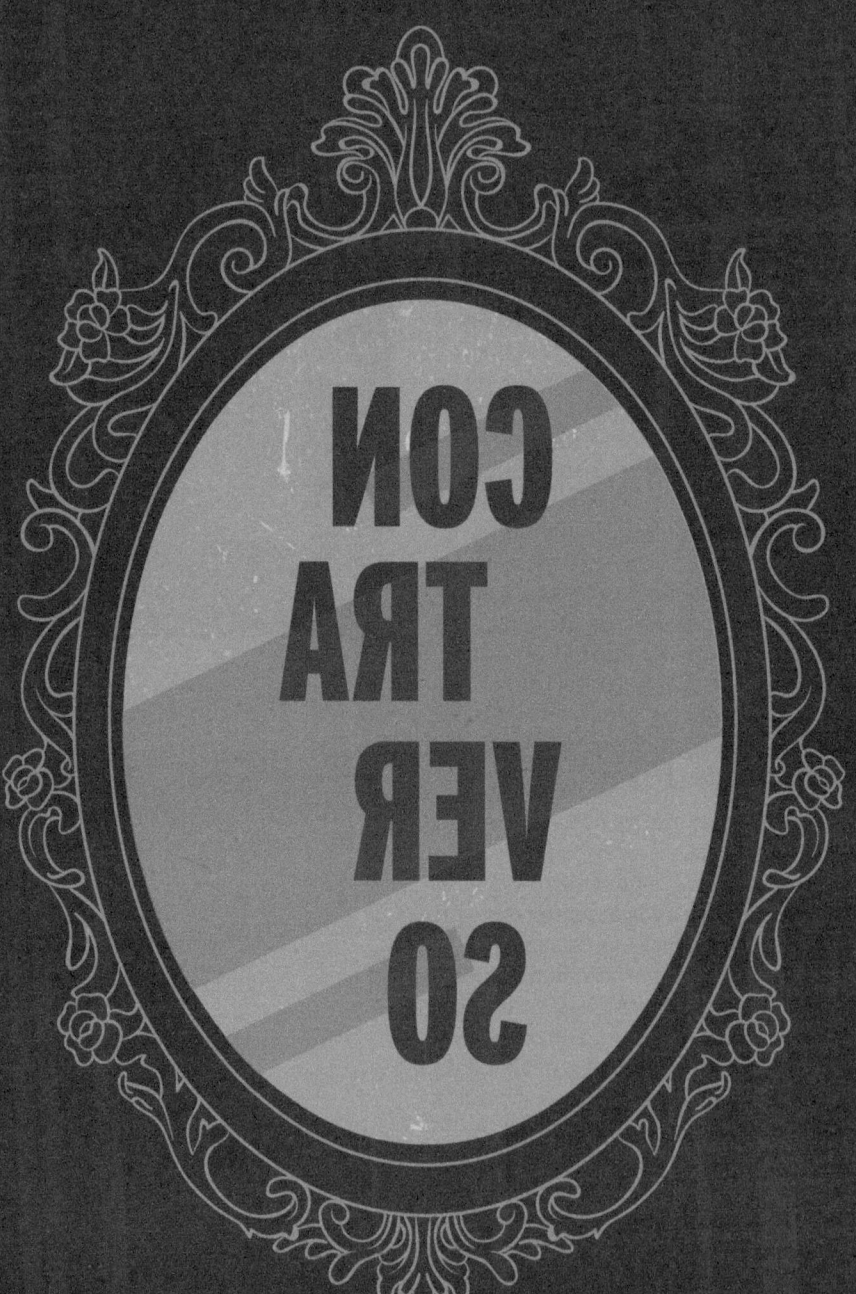

CON
TRA
VER
SO

La canción de una tortuga

POR MÓNICA GABRIEL Y GALÁN
ILUSTRACIÓN DIVERGENTE[84]

Se hace camino al andar

ANTONIO MACHADO

La cosa sucedió así:

Un día, intercambiando un *e-mail* con Víctor Martín, ahí mismo me ofreció, con alegre descaro, el chance de escribir para Contracubierta un artículo que hablara sobre poesía, así, como si tal cosa. Me ilusioné al instante aunque también sentí un ¡glub! en mi garganta porque el tema a tratar no tiene límites. Hice mis cábalas mentales para abrir huecos entre los asuntos de agenda que tenía en esos momentos y no me lo pensé mucho más. Recogí el guante, le dije que sí, y ajustamos fecha de entrega.

Prometo que lo que usted va a leer aquí no será nada nuevo, nada original, nada que no se haya dicho antes pero, atento lector, usted también sabe que una historia, o casi todo en la vida, se hace interesante no tanto por la temática escogida, sino por la manera de contarla. Y yo le voy a contar algo sobre la palabra poética escrita, da igual dónde, en papel, en pantalla, en la nube, en braille, en las estrellas, en un temblor..., algo que a lo mejor no sabía.

¿Y tú me lo preguntas?

Ya que vamos a hablar de poesía, empecemos con las presentaciones, con esa pregunta tan popular y temida por su difícil respuesta: ¿qué narices es eso de la poesía? "¿Qué es poesía? Y tú me lo preguntas...".

Se me abren las carnes con esta pregunta a la que hemos contestado todos los poetas, cada uno a su manera, más de una vez. Chantal Maillard dice que esta pregunta debería ponernos en alerta porque la atención se desvía de la cosa al concepto lo que significa que algo va mal, que la cosa no cumple su función. No diría yo tanto...

Es casi más fácil hacerle entender a una niña de seis años cómo se hace una raíz cuadrada que definir una tarea cuya materia y composición no se enseña en ningún lugar, puesto que la poesía es lo más alejado a definir una metodología o un conjunto de reglas para ejecutarlas al pie de la letra.

Parece ser que los iraquíes presumen de vivir en la tierra donde nació la poesía, donde se escribió el gran poema de *Gilgamesh*, una narración sumeria de más de 3 000 versos, escrita en tablillas de arcilla y con escritura cuneiforme. He leído diferentes versiones sobre su datación pero todas oscilan entre los años 2500-2000 a. C. o un poco más. De todas maneras, aun con la ayuda de *Gilgamesh*, los principios poéticos escritos siguen siendo imprecisos.

Situándonos en el presente pero mirando a la vez al pasado y al futuro, podemos observar que la historia del pensamiento está y estará plagada de respuestas e intentonas que definen lo que es la poesía. Esta inefable manifestación lírica goza de tantas definiciones como poetas existen en el mundo. Preguntarse es un acto recurrente del poeta, aun sabiendo que a su respuesta siempre le faltará una pizca de algo inalcanzable, de un algo inaprensible, quizá por eso, la pregunta no deja de provocar fascinación.

No faltan ni faltarán aclaraciones, más o menos nítidas, sobre el tema, todas ellas hermosas, todas ellas diferentes y todas ellas certeras. Benjamín Prado lo explica así: "Un buen poema no se limita a describir las cosas ni tampoco a enumerarlas, más bien las inventa, las reconstruye y las muestra de una manera que nunca habían sido mostradas y el que lee o escucha este poema sabe que ya nunca más va a mirar eso que el poeta le ha descubierto y mostrado de la misma manera que la miraba antes". Emily Dickinson decía que ella reconocía la poesía cuando tenía la sensación física de que ese poema le levantaba la tapa de los sesos. Y García Montero escribe en su poema *Martes y letras*: "(...) y en conclusión, señores, el poema / no nace del esfuerzo de hablar solo, / es la necesidad de estarle hablando

SCHULZ
EL GRAN LIBRO DE CHARLIE BROWN
PRÓLOGO DE UMBERTO ECO

/ a una silla vacía". Y, como no hay tres sin cuatro, otra definición que me encanta recordar es la de Umberto Eco en su prólogo del libro de Schulz, *El gran libro de Charlie Brown*, en el que una continua comparativa entre la poesía y la psicología de esa loca pandilla nos hace sonreír y concluye: "(…) no obstante, la poesía es un poco de esto y un poco de aquello". Lo que más me atrae de esta definición es la ausencia de lírica barata, romanticismo idiota y cursilerías varias, baratijas en las que se apoyan los malos poetas o los que se autodenominan poetas sin serlo.

No es extraño toparse con personas que creen que 'esto de la poesía' es un arte necesariamente vinculado a la pureza, a ángeles revoloteando, a bondad, nobleza y cosas por el estilo; ¡qué equivocación!, qué flaco favor hace a un género tan exclusivo pensar de esta manera. Escribir poemas es una actividad que se mueve en territorios de luces y sombras entre arenas movedizas y parajes nebulosos, entre lo ligero y lo profundo, lo inocente y lo perturbador.

Sin lugar a dudas, recomiendo la lectura del discurso de aceptación del Premio Nobel de Literatura de la poeta polaca Wislawa Szymborska, (por lo visto, hasta ahora, el más corto de la historia de los discursos de aceptación del Premio Nobel). La autora nos aclara, a través de un delicioso recorrido de palabras, en qué consiste su oficio, en la seriedad que debe aplicarse a su trabajo y en cómo lo ven los demás. Con gran sentido del humor nos insta a imaginar 'sentándonos' ante dos pantallas de cine: una, muestra la manera de crear de un pianista o un pintor, dos oficios dinámicos y coloridos; en la otra pantalla debemos imaginar que estamos observando a un poeta realizar su rutina, y descubrimos lo irremediablemente poco fotogénico y aburrido que puede llegar a ser para el espectador pues, "(…) permanece sentado a la mesa o acostado en un sofá, con la vista inmóvil, fija en un punto de la pared o en el techo; de vez en cuando escribe siete versos, de los cuales, después que transcurre un cuarto de hora, va a quitar uno y de nuevo pasa una hora en la que no ocurrirá nada".

No es una perogrullada recordar que la buena poesía es consecuencia de los grandes poetas. Están los poetas que escriben poesía, están los que escriben poesía pero no son poetas y están los que no han escrito un verso en su vida pero son poetas. ¿Cómo es posible esto último?, la explicación es que esas personas llevan poesía en su peculiar manera de mirar el mundo, de asimilarlo y de hacerlo suyo. Tienen la sorpresa en la mirada, la inocencia y la capacidad de saber lo que hay debajo de la alfombra sin necesidad de levantarla. Son como esas abejas que no tienen alas para volar tan alto pero no lo saben y por eso liban las flores de la órbita lunar.

Un versificador superior atesora, forzosamente dos cualidades: una, innata, que es esa visión personal mencionada y, la otra, una actitud provocada, que consiste en la capacidad de saber expresar esta visión. Son dos patas muy precisas que no funcionan aisladamente la una sin la otra; alma y oficio deben ir necesariamente de la mano. "Un poema no se programa / Sin embargo la disciplina / —Sílaba a sílaba— / Lo acompaña", escribe Sophia de Mello.

Puedo decir, sin temor a equivocarme, que el autor desea escribir en sus versos lo que todavía no existe. Es lo más parecido a buscar cosas tan dispares como lo añorado o el encontronazo. Entiendo la poesía como entiendo la honestidad, huye necesariamente de la estupidez y la cobardía y reclama tanta firmeza como el pulso de un cirujano. No olvidemos, que un poema se construye, necesariamente, con la cabeza bien fría, sin improvisar, para poder engrasar correctamente ese alma constituida de ficción, de extraña-miento y laberintos sin límites. No creo en la poesía reivindicativa, los versos no deben decir verdades, puedo escribir versos huracanados, sí, versos más o menos realistas, sí, pero en el momento en que a un poema se le despoja de la condición imaginativa, fracasa. La reivindicación tiene una función muy concreta muy alejada de la belleza y la imaginación.

¿Por qué me dedico a esto de versificar si nunca dejará de ser un negocio infructuoso, si no tiene misión ni meta, si no puedo vivir de ello ni hacer la revolución? No lo sé. Quizá porque no ocupa lugar, porque es barato, porque carece de edad, porque, al igual que los gatos, se ofende y es escurridiza, porque me ha entrado directamente en vena, porque me hace preguntas que no sé responder... La vulnerabilidad del poeta es condición indispensable para que pueda preservar y saber propulsar su capacidad de asombro que todos perdemos con el tiempo. Su valentía al aceptar la realidad del mundo poético en el que se mueve también es vital pues nunca debe esperar que el poema entre en el contenedor de las mercancías. Así nos lo hace entender Juan Gelman en una de las mejores poéticas de toda la historia, su *Confianzas,* donde nos advierte que con un poema no tomarás el poder ni con miles de versos harás la Revolución. La poesía representa otra manera de entender el pensamiento, consiste en una manipulación a lo grande de la realidad. "Los poetas levantan castillos en el aire, los locos los habitan, y alguien, en la vida real, cobra el alquiler". Jordi Sierra i Fabra.

Usted tiene la palabra

El arquero clava su flecha exactamente en su objetivo, ni más arriba, ni más abajo. Lo mismo debe hacer el poeta con las palabras. Todo empieza por el principio y el principio es el amor a las palabras en todas sus variantes: escritas, leídas, escuchadas, inventadas, los neologismos con sus sonidos, sus significados y su expresividad, etc.; más adelante tocará ser hábil en el manejo de estos signos. Un poema está hecho de palabras. Al igual que el arquero entrena para dar en la diana, el poeta debe entrenar para dar con la palabra exacta que encaje sin fisuras en el hueco destinado a ella. A veces es tan costoso que, cuando encuentro esa palabra, doy un respingo como si me hubiera sentado sobre una chincheta.

Mi amigo, el artista Oleaga, dice que de la pintura proviene el lenguaje escrito (median en ello muchos años, demasiados). Al recordar esto no puedo dejar de pensar: ¿por qué el humano sintió la necesidad de inventar otro tipo de comunicación, a través de representaciones gráficas, si ya existía el pictórico y el sonoro? ¿Qué impulsó al *Homo sapiens* a querer coger un palo o una piedra y plasmar un signo en la arena hasta el punto de adaptar la configuración de su mano y la del resto del cuerpo para poder hacerlo? ¿El lenguaje escrito nació como una necesidad de comunicarse? Si es así, entonces después llegó la poesía.

Tuve la fortuna de criarme en un hogar donde se escuchaba música y se leía buena literatura. Gracias a ello me formé siendo lectora y fiel defensora de la cultura escrita: base del conocimiento ligada a la que adquirimos a través de la experiencia de vida. Todos sabe-

mos que, a través de la lectura, el individuo desarrolla habilidades tan necesarias como la imaginación, la capacidad de pensamiento crítico y el análisis. Leer regularmente buena literatura refuerza la autonomía de la persona aportando creatividad y poder de reflexión sobre los acontecimientos privados o colectivos.

Una buena lectura reduce el riesgo de padecer enfermedades degenerativas, como Alzheimer o Parkinson, y me adhiero al axioma que afirma que, para viajar lejos y conocer mundo, no hay nada mejor que un buen libro, pues a través de la lectura conectamos con el saber acumulado a lo largo de la historia.

El II Observatorio de la Sostenibilidad de la Cultura Escrita, presentado por Cedro en octubre de 2024, sostiene que, para la sociedad, la cultura escrita es igualmente importante. Es la base que sostiene el progreso cultural de una sociedad, fomenta una ciudadanía más crítica, libre y respetuosa, creando un ambiente benigno y favorable para la convivencia. También añade el informe que una ciudadanía basada en la cultura escrita es más culta, evolucionada y rica tanto intelectual como materialmente.

La palabra es lo que nos define como seres humanos, pensantes e inteligentes. El lenguaje es la herramienta que nos proporciona el poder de manifestarnos, es decir, nos proporciona la verdadera libertad, la verdadera fuerza. Se dice, demasiadas pocas veces, que una buena palabra a tiempo es la mejor arma que existe porque es la única que, sabiéndola utilizar, enaltece a quien la usa y la maneja.

La poesía, aunque no sea una ciencia exacta, sí es una cuestión de palabras y debe expresar la mayor cantidad de ideas con el menor número de palabras posible, y así lo ratifica la gran dama de la poesía portuguesa, Sophia de Mello, al decir: "En un poema es preciso que cada palabra sea necesaria. Las palabras no pueden ser decorativas, no pueden servir solo para ganar tiempo hasta el final del endecasílabo, las palabras tienen que estar ahí porque son absolutamente indispensables".

La voz poética es la encargada de custodiar las vanguardias del leguaje. Exige distinto modo, respecto a otro tipo de textos más convencionales, de unir las palabras, trabajándolas para que irriten y abran brechas, para que la mirada del lector o del oyente las acrisole, para que resuenen en su interior, le conmuevan y le entren de sopetón. El género poético impreso, nunca ha sido ni estará destinado a lectura de masas: vivimos en un mundo sobrecargado de impactos visuales, no solo como entretenimiento sino como forma de aprendizaje; la impaciencia, la prisa por vivir, la búsqueda de la inmediatez, lo fácil y superficial, son actitudes predominantes de actuación ante cualquier hecho o actividad que nada tienen que ver con la lectura o creación de un poema, porque un poema demanda espacio y fuego lento para crearse o leerlo, es como pararse a escuchar el canto de la tortuga. Es cierto que gracias a las redes tenemos acceso a más des-información, pero tengo la sensación de que a este conocimiento le falta hondura. Por el contrario, la buena lectura, para bien o para mal, alimenta lo difícil, la pausa, el pensamiento y lo profundo, justamente lo opuesto a cómo se concibe hoy en día una sociedad. La lectura no consiste simplemente en conocer el alfabeto y las reglas gramaticales básicas, una buena lectura es exploradora y capaz de sacar a la luz nuestras propias experiencias más esenciales y nuestros temores más secretos, pues invita a la reflexión interna, algo de lo que solemos huir. Una buena lectura nos convierte en pensadores.

El lenguaje, y por extensión la escritura, y por extensión la lectura, no son hechos aislados, individuales o casuales, el valor de una lengua debe medirse sabiendo que está destinada a vivir en sociedad ya que es la encargada de proteger los valores de dicha sociedad.

Buscar la magia de la representación gráfica capaz de dar forma a cosas informes, capaz de jugar con imágenes y significados, en definitiva, despertar la aptitud de observación y descubrir los tesoros de la lengua, no es, desgraciadamente, tenido en cuenta por el sistema educativo (un colectivo sujeto a constantes cambios políticos), el cual carece de tiempo, herramientas o políticas interesadas en conseguir que la enseñanza sea una buena intermediaria que estimule y ayude a facilitar al alumnado el disfrute hacia la aventura y el encantamiento del poema.

Y también están los silencios poéticos. Esos espacios en blanco que no se ven. Crear silencios con el vocablo esencial. Un 'no decir diciendo'. El silencio deber resonar en el interior del lector, entrando por los pies, como el bajo rumor de un gong, con la intención de sacarle a flote las imágenes, vivencias y memorias olvidadas. Cuando una palabra sobra, se rompe el sonido del gong. Para crear un silencio hace falta la técnica de la sobriedad, de la parquedad, la contención, el acto de la depuración eligiendo con mucho cuidado las piedras preciosas que van a engarzarse en los dulces cantos de las sirenas. Pablo Neruda lo explica muy bien en su precioso texto *La palabra*: "Todo lo que usted quiera, sí señor, pero son

LA PALABRA
Pablo Neruda

Fundación Pablo Neruda

las palabras las que cantan, las que suben y bajan... Me prosterno ante ellas... Las amo, las adhiero, las persigo, las muerdo, las derrito... Amo tanto las palabras...".

Un pie delante del otro

Tres maneras de andar: con los ojos abiertos, sin ojos, marcha atrás.

Pongo un pie delante del otro, transito hacia otro argumento, aparentemente diferente, no obstante ligado por todas partes a lo dicho anteriormente. Si ya 'sabemos' qué es la poesía y también sabemos que esta se compone de palabras, hablemos ahora de la actividad que ayuda a poner en marcha el motor de la inspiración para que esas palabras se conviertan en poesía. Y a la pregunta de qué cosa es la inspiración o cuál es el procedimiento para llegar a ella, los poetas suelen, o solemos, responder de manera evasiva porque no es fácil explicar a los demás algo que ni siquiera uno comprende bien.

Reconozco que no destaco por mi gran inteligencia ni soy erudita en nada, entonces, ¿por qué tengo una ocupación parecida a la de ese albañil que construye un palomar en el que cada concavidad estará destinada a ocuparse con un pensamiento reflexivo y atento, algo parecido a filosofar? Aprendo y adquiero conciencia de lo que me rodea a través de las vivencias en la propia carne, la intuición, la vista, la lectura y de cualquier acto que demande movimiento, como es el caminar. Por otro lado, pertenezco a esa tribu de personas que se llevan cordialmente con su soledad y, siendo una mediocre deportista, no suelo practicar deportes de equipo, quizá por eso, andar como acto solitario, sin vocación de llegar a ningún lado y no necesariamente veloz, es una de mis actividades físicas favoritas. Los caminares, los pasos de los pies y de las piernas, avanzar, estimulan mi seso, organizan el ánimo y aterrizan, contra viento y marea, en el alma expectante. Una labor que a veces me colma de euforia y que, en cualquier caso, me engrasa de sudor y pujanza.

Caminar, volver a poner el otro pie delante, nos hizo humanos (no sé si para bien), modificó nuestro cerebro, nuestra columna vertebral evolucionó y hemos llegado a construir un mundo diseñado a una escala en la que nuestros pies se sienten cómodos y útiles. Paso a paso, mirando a lo lejos, sin más meta que el bienestar y el alivio, andar tranquiliza. Tiene virtudes curativas, algo así como poderes mágicos, estimula el pulso, la actividad de los sentidos, la circulación de la sangre y el ánimo crece. Ayuda a la reflexión y a la introspección, las preocupaciones parecen disminuir, el viento, la lluvia, el sol rozan la piel y pareciera que todo nuestro interior se ensancha abriéndonos puertas, extendiendo alas y echándose a volar como si pudiéramos llegar a la luna.

No soy médico ni pretendo ahondar en los beneficios físicos o fisiológicos consecuencia de la práctica de andar, me baso únicamente en mi experiencia, aunque no suelo dejar pasar una buena lectura sobre este tema cuando la ocasión me la pone delante. Científicos de la Universidad de Stanford, en Estados Unidos, descubrieron que caminar aumenta la producción creativa de una persona en un promedio del 60%. El filósofo, también poeta y músico, Nietzsche, en sus escritos, incitaba a permanecer el menor tiempo sentados. Me resulta difícil pensar a fondo en algo si antes no lo convierto en letra impresa y, ese primer pensamiento, esas primeras ideas difusas, se presentan y se desarrollan cuando el previo movimiento de mis piernas inyecta oxígeno a la sangre. Desplazarse, por el puro placer de hacerlo, es una especie de brioso salvavidas que me ayuda a tomar conciencia de una idea o a desarrollarla para que cristalice en el papel tal como el cerebro la ha pensado, abriendo una vía a hachazos en la selva de las palabras hasta encontrar la luz que construya el poema.

Psique y materia son complementarias, forman parte de una misma armadura, con un mismo propósito y destino y deben trabajar juntas. Un poeta es también un atleta en el que su corriente interna fluye libremente entre la materia orgánica y lo intangible. Es cierto que, cuando uno escribe prosa, ensayo o un guión de cine, o incluso una letra de canción, se sienta a la mesa o al piano con una actitud diferente a la que exige escribir un poema. Entre otras cosas, la prosa requiere una disciplina rutinaria, la poesía no necesariamente (aunque sí conveniente), aun así, el esfuerzo empleado en una y otra materia es el mismo. Quizá desde fuera solo se percibe esa aparente desidia, languidez y sedentarismo pero en el interior del poeta, cuando escribe, se está desarrollando una actividad frenética que lo deja muy fatigado. Esta actividad chupa y tiene sus reservas en los músculos y, cuanto más oxigenados y en forma estén estos músculos, mejor podremos afrontar el trabajo. Aunque parezca raro decirlo, se piensa con todo el cuerpo. Un poeta tiene la obligación de mirar y escribir con todo el cuerpo, no solo con la mano, para poder penetrar en el interior de las cosas. Un día, a Juan Goytisolo le preguntaron: "Y, usted, ¿cómo escribe?", a lo que él responde: "A mano, como siempre. La escritura, como la masturbación, está ligada a la mano".

El poeta chileno, Pablo Neruda, se encontró un día a su cartero sentado (cartero que también quería ser poeta) y le preguntó qué hacía ahí sentado sin hacer nada. El cartero le contestó: "Es que me quedé pensando", y Neruda le responde: "¿Y para pensar te quedas sentado? Si quieres ser poeta, comienza por pensar caminando. ¿O eres como John Wayne, que no podía caminar y mascar chicle al mismo tiempo?".

Los mundos del arte y de la literatura están plagados de referencias, *performances* y estudios sobre la conexión del acto creativo con la actividad de andar. No olvidemos, por ejemplo, el heterónimo de Antonio Machado, Juan de Mairena, que fue profesor de retórica y de gimnasia. Otros ejemplos esclarecedores, llevados a la práctica, sobre la conexión mente-cuerpo, son los del monje y poeta errabundo, alcohólico, Taneda Santoka: "De la mañana a la noche / Escuchando el ruido de mis pasos / Camino", o el de su maestro predecesor, el gran Matsuo Bashó. Ambos buscaron incansablemente la perfección en su poesía zen a través de sus peregrinajes, recorriendo a pie gran parte de su país, Japón, con el único objetivo de encontrar fuentes de inspiración.

El escritor Haruki Murakami, también gran corredor de maratones, se pregunta: "¿Significa eso, en definitiva, que la mente humana está condicionada por las características del cuerpo? ¿O por el contrario, son las peculiaridades de la mente las que intervienen en la formación del cuerpo? ¿O acaso cuerpo y mente se influyen e interactúan mutua e íntimamente?".

Un cliché muy común es que los escritores, por lo general, llevan una vida insana, con tendencia a la ebriedad y alejada de las buenas costumbres para, de esta manera, 'facilitar' el camino hacia la Musa, acercarse a las cosas más 'puras' y, sobre todo, para poder combatir mejor la maldita soledad de este oficio. Este tópico a veces es cierto, a veces no. Hago referencia de nuevo a Murakami cuando aclara que al escribir se libera una especie de toxina que se halla en el origen de la existencia humana:

Los escritores deben enfrentarse a esta toxina y, sabedores del peligro que entraña, deben ir asimilándola y capeándola con pericia porque sin la intervención de esta toxina no se puede llevar una auténtica labor creativa, en el sentido real del término, y a esto, se mire por donde se mire no se le puede llamar una actividad 'saludable'. El acto de escribir, por lo tanto, contiene en sí mismo agentes insanos y antisociales. Por eso, los que han elegido dedicarse a la escritura, para mucho tiempo o para el resto de sus vidas, tienen que desarrollar un sistema inmunitario propio que les permita hacer frente a esa toxina que anida en sus cuerpo y, para poder generar y mantener este sistema inmunitario a largo plazo, se necesita una cantidad de energía importante, una cantidad de energía nada despreciable y, ¿de dónde sacaremos esa energía sino en la propia fuerza y forma física de base?

En contraposición diré que esa misma forma física de base, esa energía necesaria que engrasa y mantiene vivo nuestro cerebro también es un buen soporte para practicar el difícil arte de no pensar. Pero de eso hablaré en el próximo capítulo.

Taneda Santôka

Saborear el agua

水を味わふ

Cien haikus de un monje zen
Traducción de Vicente Haya & Hiroko Tsuji

poesía Hiperión

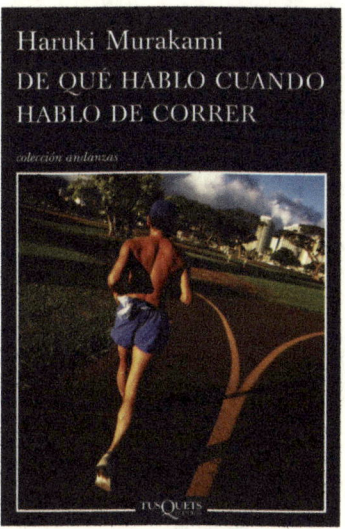

Haruki Murakami

DE QUÉ HABLO CUANDO
HABLO DE CORRER

colección andanzas

TUSQUETS

Nota de la autora

En el andar solitario de muchas horas al día y muchos días segui-dos me ocurren dos cosas: que pienso o que no pienso.

Cuando pienso, guardo dos pensamientos: uno para un poema y otro para un diálogo.

Cuando pienso en el poema, pienso que no nace bajo el agua y que es condición escribirlo seco y lento.

Cuando pienso en el diálogo, me sale una propuesta obscena en un mundo inexplorado.

En el andar solitario de muchas horas al día y muchos días segui-dos me ocurren dos cosas: que pienso o que no pienso.

Cuando no pienso, no pienso; me limito a observar cómo se frun-ce la tierra entre las piernas.

Contra
Cuento

POR
MÓNICA GUTIÉRREZ
PABLO GALLEGO BOUTOU
ESTEBAN GONZÁLEZ PONS
ÓSCAR VALLADARES
ILUSTRACIÓN SARA H.

Le hemos pedido a cuatro autores un cuento partiendo de la siguiente premisa:

Los campos explotan de color. Allá donde mires la vida se abre camino como jamás antes se había visto y entre esta orgía de vegetación surge una nueva flor nunca antes vista.

Parada imprevista

POR MÓNICA GUTIÉRREZ

En respetuoso homenaje a *El autobús número 75*,
uno de los relatos preferidos de mi infancia,
del libro *Cuentos por teléfono* de Gianni Rodari

José Finisterre llevaba más de tres décadas como chófer en Transportes Metropolitanos y trece años conduciendo el autobús 75 de la línea 33, el día en el que se pasó de largo la última parada de su recorrido habitual y siguió en dirección a la autopista. No es que el chófer fuese supersticioso, pero lo segundo que le vino a la cabeza cuando vio desaparecer la marquesina amarilla por el retrovisor fue que las cifras no estaban de su lado. Lo primero, fue pisar el freno, claro. Aunque no sirvió de nada. Para ser honesto consigo mismo, sabía que eso no funcionaría. Se tragó el pánico que le subía desde las tripas y apeló a experiencia y conocimiento. Para su desgracia, la única formación práctica a la que había asistido en el último año trataba sobre lidiar con pasajeros recalcitrantes. José estaba casi seguro de que el curso no se llamaba así, pero recordaba vagamente al psicólogo que lo había sermoneado sobre empatizar con las personas que subían a su autobús antes de tomarse el primer café de la mañana. Intentó concentrarse en una respiración regular, pese a la descarga de adrenalina y el sudor que le perlaba la frente, e intentó considerar el lado menos terrible de la situación: el autobús se conducía solo, admirablemente respetuoso con la velocidad en casco urbano y con las normas de tráfico. Dejó atrás la última parada de la línea 33, rebasó los límites del barrio de la Trinitat y encaró con alegría los últimos semáforos antes de desviarse por el carril de acceso a la autopista.

Eran casi las nueve de una esplendorosa mañana de primavera. Bajo un cielo despejado, bellísimamente azul, el rojo intenso del autobús relucía con un brillo demoníaco. Aunque José ya casi se había convencido de que su persona nada tenía que ver con la conducción del vehículo, se resistía a levantar las manos del volante o los ojos de la carretera. Se arriesgó con una mirada rápida hacia sus pasajeros por el espejo retrovisor interior. Por suerte, eran escasos porque si a las nueve todavía estabas dentro del autobús es que llegabas tarde a donde quiera que fueses. Vio a una cartera muy guapa con el uniforme a juego con su carro amarillo, a dos ancianas aferradas a sus respectivos bastones, un joven trajeado con una funda negra para portátiles colgada en bandolera, una estudiante adolescente con aspecto de cama sin hacer, y un padre que leía en voz alta Pequeños hombres libres, de Terry Pratchett, a su hija de unos doce años y a su hijo de siete u ocho. Excepto la familia de buen gusto literario, el resto de pasajeros miraba las pantallas de sus móviles, lo que explicaba por qué todavía no se habían percatado de que el autobús había pasado de largo el final de la línea 33, ampliando su recorrido hacia lo desconocido.

—¿No va demasiado rápido? —preguntó una de las viejecitas a su compañera.

A José le pareció que gritaba demasiado y se encogió por el temor de que se desatase el pánico en el interior del autobús.

—Ahí delante hay una señal de velocidad, después de los carteles azules —le contestó la interpelada con bastante calma. Le pegó un buen golpetazo a su teléfono para apagarlo y se lo guardó en el bolso. De repente entró en alerta, con ese instinto de las personas mayores o muy aburridas para detectar cuando algo se vuelve interesante al otro lado de los visillos—. Creo que indica que puede ir a cien kilómetros por hora, así que no va demasiado rápido.

—¿Cien por hora? —se extrañó el joven trajeado— Señora, eso es para la autopis... ¡Un momento! ¿Pero qué está haciendo? ¡Conductor, se ha pasado mi parada!

Pese a la peliaguda situación, José sintió una punzada de júbilo cuando los pasajeros levantaron la cabeza —a excepción de la adolescente con auriculares, que siguió a lo suyo sin enterarse de nada— y despertaron del estado catatónico inducido por sus móviles para mirar alrededor con cara de bobos. Solo lo lamentó por la interrupción de la lectura de Pratchett, que suponía exiliar temporalmente al padre y a dos sus hijos de un mundo mejor.

—¡Esto es intolerable! —siguió quejándose el trajeado—. Dé la vuelta ahora mismo. Si llego tarde a mi reunión pienso demandarle a usted y a toda la compañía de autobuses.

—Es usted muy apasionado, muchacho —soltó una de las abuelas con una risita malvada.

—¿Qué está pasando, papá?

—¿Vamos a llegar tarde a Matemáticas?

—Verán —intervino José Finisterre tras carraspear un par de veces porque no le salía la voz —, no quiero alarmarlos...

—Pues entonces no debería soltar el volante —dijo la cartera guapa del carrito con mucha calma en cuanto José se giró hacia el pasaje para hablarles cara a cara.

—... pero hace unos minutos que el autobús se conduce solo.

—Qué moderno todo, Agatha —observó una de las ancianas asintiendo aprobadoramente en dirección a su amiga.

—Piloto automático, como en el AVE de cuando fuimos al pueblo —asintió Agatha muy complacida.

La cartera intercambió con José una mirada casi jocosa por el entusiasmo de las abuelitas. Tenía los ojos de un castaño tan claro que, a la luz limpia y terrible de aquella mañana de primavera, casi parecía ámbar.

—¿Pero a dónde vamos? —le preguntó todavía calmada. Su voz era amable, un poco ronca, como si no la usase demasiado.

—No estoy seguro. La ruta de mi línea termina siempre en la Trinitat.

—¡Esto es intolerable! —repetía el joven del traje—. Detenga ahora mismo el vehículo. Regrese. Dé la vuelta.

La cartera lo censuró con su mirada de ámbar antes de decirle:

—Decídase: o se detiene o regresa; las dos cosas a la vez es imposible.

—Estamos en la autopista —intervino José—, no puedo hacer nada de eso. Además, por si no se ha dado cuenta, yo no conduzco.

El trajeado, que había abandonado su asiento en cuanto las ancianas habían mencionado la palabra autopista, se plantó en cuatro zancadas frente a José. De cerca, su ceño aparecía tan fruncido que el conductor se preguntó cómo podría ver nada a través de las rendijitas en las que se habían convertido sus apretados párpados.

—¡Lo haré yo mismo! Como todo —dijo librándose de su portátil en bandolera antes de usurpar el asiento del conductor en un visto y no visto—. Si quieres que algo se haga bien, hazlo tú mismo —se arengó como el terrible coach que probablemente era.

José y la cartera se quedaron mirando cómo el chico giraba el volante con brío y pisoteaba con rabia los pedales sin ninguna consecuencia notable en la velocidad o en la dirección del vehículo. El torrente de palabrotas, obscenidades y promesas sobre lo que le haría a aquella chatarra de color rojo sobre ruedas, sorprendentemente, tampoco influyó para nada en la voluntad del autobús.

—Está asustando a mis hijos. Vuelva a su sitio, por favor.

El padre se había acercado a la parte delantera, con la novela de Pratchett todavía en la mano, un dedo entre las páginas para no perder el punto de lectura.

—Si fuese su abuela le lavaría la boca con jabón —gruñó Agatha ante la sarta de palabrotas y maldiciones del trajeado.

Impaciente y desdeñoso, el joven se dio por vencido y abandonó el volante con la misma brusquedad con la que lo había agarrado. En el silencio que siguió, escucharon amortiguado el tráfico cargado de la autopista y el susurro de interferencia eléctrica de los auriculares de la adolescente, que seguía concentrada en la pantalla de su móvil. El padre de familia, acostumbrado a convencer a sus vástagos de los más sublimes imposibles —antes y después del desayuno—, como cómete el brócoli que está rico, necesitas un baño o deja el diente bajo la almohada porque esta noche pasa el ratoncito Pérez, disuadió al trajeado para que volviese a su asiento y dejase que José recuperase su lugar tras el volante zombi. Aunque acató la sugerencia, el muy insoportable no cejó en su empeño de amenazar con denunciarlos a todos, solo que en un tono de voz más bajo, para no asustar a los niños. José se dio cuenta de que los niños, si se los observaba con atención, empezaban a parecer más entusiasmados que preocupados por la excursión improvisada. Al fin y al cabo, no se llegaba tarde cada día a Matemáticas porque el autobús decidía emprender un misterioso viaje.

A José se le ocurrió que podría llamar a la central de transportes metropolitanos para informarlos sobre la incidencia y pedir consejo, pero entonces se acordó de la historia que le contó una vez su padre sobre un conductor que había sido despedido por secuestrar un autobús. Se llamaba Manuel Vital y en 1978 había conducido un vehículo de la línea 47 hasta Torre Baró, un barrio que por esas fechas carecía de transporte público pese a que sus vecinos pagaban los mismos impuestos que en cualquier otro lugar de Barcelona. El secuestro había formado parte de la aguerrida acción de protesta vecinal para reclamar que una línea de autobús llegase a Torre Baró. Aunque había llegado a los medios de comunicación de la época y tenido un final feliz para los vecinos, había terminado con Vital en la calle.

A José no le apetecía nada que lo despidieran ahora que se acercaba a la jubilación; tenía sesenta y un años y había sido chófer durante toda su vida laboral. No se le ocurría quién contrataría a una persona tan mayor y con tan poca experiencia en nada que no fuese conducir por la ciudad. Si bien no se podía calificar como secuestro lo que le estaba ocurriendo a su autobús, resultaba complicado explicar por qué y cómo se había desviado tanto de su ruta habitual —entre otras razones porque ni siquiera él entendía qué pasaba— y le costaba creer que sus pasajeros presionaran a Transportes Metropolitanos para que lo volviesen a admitir, como sucedió con Manuel Vital. No había visto la película que se había estrenado recientemente sobre el caso, tal vez debería documentarse.

Como no veía probable que filmasen una película sobre la rebelión de su autobús —a no ser que los guionistas de Doctor Who andasen por allí cerca— prefirió apagar el teléfono, guardárselo de nuevo en el bolsillo de la camisa y fingir que se había quedado sin batería. No sería él quien llamase a la central para dar parte de aquel despropósito.

—¿Qué ha hecho? ¿Por qué no funcionan los móviles? —volvió a quejarse el insoportable trajeado tecleando con furia en la pantalla del suyo—. ¡Sabía que estaba llamando a mi abogado y ha cortado la conexión! Lo he visto, lo ha hecho con ese aparato que acaba de esconderse en el bolsillo. Ha apretado un botón y...

Pero nadie le estaba haciendo caso: tras poner el intermitente adecuado, el autobús había escogido la salida de Sant Celoni y abandonaba la autopista con una elegante conducción que pocas veces podría haberse permitido entre los trompicones del tráfico urbano. Desaceleró con suavidad y se incorporó a una carretera comarcal en dirección norte, ignorando los desvíos hacia cualquier núcleo de población.

—Creo que vamos a la montaña —dijo el padre lector.

—¡Yupiii! —gritaron sus hijos con las manos pegadas al cristal de la ventana y, ahora sí, la cara inconfundiblemente teñida por el entusiasmo de la aventura.

A José no le pasó desapercibido el brillo en los ojos de las ancianas.

—De excursión, Agatha.

—Sin los pelmazos del Imserso —asintió su amiga devolviéndole la sonrisa.

Seguía siendo un hermoso día de primavera y el autobús 75 corría alegre por el asfalto de la comarcal. El macizo montañoso del Montseny perdía las tonalidades grises y azules de la distancia y se iba perfilando con su verde oscuro, habitual en esa época del año, a medida que se le acercaban.

Al chófer le resultó sospechoso lo invencible de esa primavera; capaz de mantenerse serena y brillante incluso allí, en los alrededores de una montaña famosa por un microclima particular que habría hecho las delicias de la familia Addams. No importaba lo mucho que brillase el sol y cantasen los pajarillos en la provincia barcelonesa, era acercarse al parque natural que circundaba el macizo montañoso y empezaban los rayos, los truenos, la tiniebla y la lluvia. La Unesco lo había declarado reserva de la biosfera en 1978 por la extraña diversidad de su bioma —boreoalpino, eurosiberiano y mediterráneo— y por comprender el bosque natural de abetos más meridional de Europa. Pero José no era el único que sospechaba que lo del microclima tormentoso también había tenido algo que ver de alguna manera misteriosa.

—Qué raro —murmuró la cartera como si tuviese telepatía—. Cualquier otro día del año, juraría que tan cerca del Montseny ya habría empezado a llover.

—Justo estaba pensando eso mismo —coincidió el atribulado conductor.

—Lola Martínez, del excelentísimo servicio postal de correos —La hermosa mujer extendió la mano mientras se presentaba—. Llegamos tarde, si es que no perdemos su envío, y siempre a un precio desorbitado.

—Jesús Finisterre —sonrió mientras estrechaba la mano cálida y firme—, chófer del 75 desde hace trece años y hasta que ha decidido conducirse a sí mismo.

—Yo soy Agatha, y esta es mi amiga Clarisa —Las dos ancianas sonrieron felices.

—Ferran —se presentó el padre.

—Me encanta Terry Pratchett —confesó José señalando con la cabeza el ejemplar de Pequeños hombres libres—. No sabe lo mucho que me alegra el día cuando se sienta cerca y puedo escuchar cómo lee a sus hijos.

—Si han terminado con su vida social, les recuerdo que voy a denunciarlos a todos.

—Qué joven tan desagradable.

A José le costaba diferenciar a Clarisa de Agatha, pero fuese la anciana que fuese la que había hecho la observación ponía en voz alta una versión suavizada de la opinión que a esas alturas tenía del insoportable trajeado.

—Sí que lo es —dijo en voz baja Ferran—, pero tiene razón en lo de los móviles: me he dado cuenta de que hace un rato que no funcionan.

—¿Eh? En plan, ¿qué? —En el fondo del autobús, la adolescente se había quitado los auriculares y parpadeaba somnolienta mirando a su alrededor —. ¿Falta mucho para llegar a Trinitat? En plan, no me he dormido, ¿no?

Teniendo en cuenta que parecía no haberse despertado todavía esa mañana, a José le pareció una observación bastante optimista.

—Cariño, hace mucho que dejamos atrás esa parada —le contestó con ternura Agatha o Clarisa.

—¿Por qué me he quedado sin conexión? En plan, nada, ¿eh?

Pero nadie estaba escuchando a la medio consciente adolescente porque el autobús, que minutos atrás se había internado en el Parque Natural del Montseny, aceleró con alegría. Con algo que a su conductor le pareció un saltito juguetón —si es que los autobuses que se conducían a sí mismos eran capaces de semejante cosa—, decidió dejar la carretera y tirar campo a través. Ferran se apresuró a recuperar el asiento junto a sus hijos y, protector, los sujetó como pudo mientras aconsejaba al resto del pasaje que se agarrasen fuerte. La amortiguación del vehículo, mal acostumbrada a la excelencia municipal en su obsesión por el mantenimiento de las vías públicas, se sobresaltó en cuanto las ruedas dejaron el asfalto y se lanzaron a través de un pequeño bosquecillo de abetos europeos meridionales (según la Unesco).

—¡Detenga el vehículo, nos vamos a matar! —seguía vociferando el insoportable trajeado—. Le aseguro que si me muero en este trasto, denunciaré a la compañía de transportes y a usted y a los guardabosques del Montseny y a todos los que están en este maldito...

A los hijos de Ferran les resultó de lo más cómico cómo se entrecortaba la voz del insoportable por culpa del traqueteo infernal. La adolescente los miró inexpresiva y se agarró al asiento de delante, tal vez preguntándose, no por primera vez en su vida, si no se habría quedado dormida y aquello era un sueño rarísimo, en plan pesadilla sin conexión a internet.

José, que había vuelto a su asiento tras asegurarse de que las posibilidades de sus pasajeros de sufrir una conmoción cerebral fuesen más o menos bajas, se ajustó el cinturón y miró al frente con una sensación de mareo creciente. El vehículo corría veloz entre los troncos plateados, arrancando a su paso —para horror de la Unesco— algunas ramas bajas. Todo alrededor se tornaba en un borrón verde y gris, extrañamente hermoso. Botones dorados, como pequeñas hadas rechonchitas en una loca fiesta primaveral, bailaban frenéticos en el parabrisas delantero cuando los rayos del sol se colaban entre las hojas fugaces. El tiempo se había detenido dentro de aquel útero de musgo, natural, silencioso, luminoso y verde. Para entonces, el interior del autobús jamás había olido tan bien: a agujas de abeto, a hierba fresca, a flores silvestres, a aire limpio y a expectación. De camino al trabajo, a la escuela, al instituto, a un examen, al hospital, a casa... nadie nunca se subía al 75 con tanta esperanza e incertidumbre con la que los pasajeros rodaban en esos momentos a través de un bosque de abetos hacia un destino incierto.

Los veteranos huesos del chófer acusaban el traqueteo infernal por el rodaje desigual de un suelo que era tierra, piedra y raíz, y que jamás habría siquiera soñado en ser camino para un autobús de ciudad. La carrera se prolongó durante lo que al conductor le parecieron horas, aunque solo podrían haber sido minutos porque la montaña del Montseny apenas parecía un poco más cerca y al insoportable del traje no le había dado tiempo de terminar su quinta retahíla de amenazas entrecortadas, cuando al fin el vehículo disminuyó la velocidad, salió del bosque y se detuvo con suavidad en un pequeño claro, un prado alfombrado de hierba, tan verde como la menta fresca, salpicado de flores.

—Esta no es mi parada —interrumpió el súbito silencio la adolescente—. No me suena de nada, en plan, superraro.

José, que se esforzaba por volver a respirar con normalidad, estaba a punto de contestarle cuando lo sobresaltó el ruido de todas las puertas abriéndose a la vez.

—¡Hemos llegado! —soltaron felices las dos ancianas. Y contra todo pronóstico respecto a su edad y a su artrosis reumatoide, abandonaron pizpiretas sus asientos, blandieron sus bastones como conquistadoras victorianas y fueron las primeras en salir.

Los niños, seguidos muy de cerca por su padre, que les advertía de que fuesen con cuidado, siguieron su ejemplo por la puerta trasera. José entendía que a los lectores de Terry Pratchett, acostumbrados a recorrer los caminos de Mundodisco, les resultase sencillo dejarse llevar por la alegría de la magia primaveral de un prado reserva de la biosfera. Pero, pese a que todos los indicios le decían que él no tenía mucho qué decidir en aquella extraña fuga del 75, el conductor seguía sintiendo el enorme peso de su responsabilidad. Por muy seductor que pudiese parecerles la aventura, sus pasajeros pertenecían al asfalto de la ciudad y si había alguna posibilidad de devolverlos allí antes de que sufrieran el mínimo daño... El conductor intentó mover el volante, cerrar las puertas, arrancar el motor del autobús. Una, dos, tres veces, cuatro. Nada. Quietud total. Silencio. Al parecer, aquel era el final del trayecto.

—¿Cree que deberíamos salir? —le preguntó Lola Martínez con esa voz ronca y tranquilizadora que tan bien acompañaba el resto de su personalidad.

Concentrado en sus intentos de recuperar el control del vehículo, José no se había dado cuenta de que la cartera se le había acercado tanto y ahora descansaba una mano sobre su hombro, a modo de consuelo.

—Hace un día precioso —añadió Lola con calma— y estamos lo suficientemente lejos de la ciudad como para que el aire huela bien. Seríamos muy estúpidos si nos quedásemos dentro de un autobús.

—Hable por usted —intervino el insoportable desde su asiento—. Yo de aquí no me muevo. Si salgo, el juez podría interpretarlo como abandono del transporte público y me perjudicaría en la demanda.

Alentado por la estupidez del maldito joven, José se quitó el cinturón de seguridad, se puso en pie y, con un gesto galante y anticuado que había aprendido de su padre, invitó a Lola a que lo precediese de camino a la salida más cercana.

—Señora...

Antes de seguirla al exterior se fijó en que la adolescente, con la capucha de su sudadera calada hasta las cejas y unas gafas de sol oscuras, se había acostado en los asientos de atrás con su mochila de almohada y se disponía a echarse una siesta. El chófer le dedicó una última mirada al insoportable, que movía el móvil en alto concentrado en busca de cobertura, se encogió de hombros y se apeó del autobús.

Entrecerró los ojos al espléndido sol que tocaba con suavidad el paraíso verde. Detectó notas de espliego y lavanda cuando respiró con delectación a bocanadas aquel aire limpio y fresco. Se maravilló, como una Alicia recién llegada a un mundo nuevo, ante la vista de aquel pequeño prado verde salpimentado por el elegante violeta de las gencianas y el rojo solemne de las amapolas. Le pareció distinguir una pareja de petirrojos y el canto peculiar de los mirlos. Los niños y su padre se habían acostado sobre la hierba alta y movían brazos y piernas como si pudiesen dejar el dibujo de un ángel de nieve en la mullida alfombra verde. Sus risas de puro placer alegraban el alma de cualquier chófer de autobús atribulado. Agatha y Clarisa, que habían vuelto a olvidarse de sus reumas y artrosis, recogían flores y las enlazaban por el tallo, tejiendo delicadas ristras entre sus dedos de memoria ágil. Fueron ellas las que llamaron la atención de los demás cuando José y Lola llevaban ya algún tiempo sentados en un pequeño altozano contemplando el paisaje sobrecogedor de las montañas contra un cielo infinito.

—¡Pamporcinos! —escucharon exclamar a una de las ancianas.

—Los pamporcinos no son azules, Clarisa —la corrigió la otra—. Parecen prímulas.

—¿Con esos pétalos? Son dalias, unas dalias un poco raras.

—Imposible. Claveles.

—¿En el Montseny?

Curiosos por la discusión de las señoras, los lectores de Terry Pratchett se acercaron para echarle un vistazo al motivo de tanto alboroto. José y Lola no tardaron en unírseles.

—Son rosas —dijo el niño.

—¿De color rosa? —se extrañó su hermana poco convencida—. A mí me parecen azules.

—Flores del tipo rosa. Qué lío que la flor se llame igual que el color.

—Y encima son rojas.

—Azules —intervino Ferran.

—Digo las rosas, papá.

—Esto no es una rosa —observó Lola sumándose al debate alrededor de las flores.

—¿Qué demonios están mirando? —preguntó a gritos el insoportable trajeado asomándose por una de las puertas del autobús— Vuelvan inmediatamente y pongan en marcha este trasto. Voy a llegar tardísimo a mi reunión, les denunciaré...

—Que le corten la cabeza —añadió la bella cartera guiñándoles un ojo a los niños.

Como buenos lectores, entendieron a la primera la relación entre las rosas y la imitación de la Reina de Corazones y soltaron la carcajada. Aquello no tenía ni punto de comparación con una clase de Matemáticas a primera hora de la mañana.

—Nada de rosas —aclaró Agatha o Clarisa—. Nunca había visto una flor semejante.

José ignoró al insoportable y se fijó en las extrañas flores azules que habían llamado la atención de sus pasajeros. Destacaban por su rareza entre las droseras —también llamadas rocío del sol por la forma estrellada de sus flores—, y se diferenciaban de amapolas y gencianas no solo por su color sino también por sus extraños pétalos...

—Nubeiformes —dijo Ferran como si hubiese seguido el pensamiento del conductor—. Las flores tienen forma de nubes.

—Y color de cielo primaveral —asintió una de las viejecitas.

Lola sugirió buscar en internet una aplicación que les proporcionara el nombre de la planta tras subir una fotografía del ejemplar en cuestión, pero tal y como comprobaron, sus teléfonos seguían sin cobertura.

—Podríamos llevarnos algunas y consultar con un experto —propuso Ferran.

Pero cuando su hija arrancó uno de los robustos tallos, la flor no solo se marchitó en cuestión de milésimas de segundo sino que toda la planta se redujo a una especie de ceniza vegetal que la niña se sacudió de las manos con una exclamación de desagrado.

—Ecs —repitió en voz baja, limpiándose los restos de la descomposición en la pernera de sus pantalones.

—Nunca había visto nada semejante.

—Eso ya lo has dicho, Agatha. No te repitas.

Ayudaron a las dos ancianas a sentarse sobre la hierba, con las lumbares apoyadas contra el pequeño altozano, y se acomodaron junto a ellas formando un curioso semicírculo alrededor de las extrañas flores. La temperatura era agradable, el sol una caricia suave sobre los rostros, y el canto de los mirlos resultaba relajante. Elaboraron algunas teorías más sobre la naturaleza desconocida de los raros ejemplares, pero pronto la conversación se desvió hacia otras cuestiones. Ferran se lamentó por la ausencia de su esposa y los niños se sumaron al deseo de que ojalá estuviese allí con ellos, disfrutando de la excursión en lugar de seguir en la universidad, enseñando a ser médicos a los hijos de otras personas. La echaban mucho de menos; deseaban que llegase la noche para contarle su aventura. Al chófer le pareció conmovedor que no dudasen, ni por un solo instante, en que su madre les creería sin reserva alguna.

Lola explicó que llevaba un tiempo con dolor de cabeza, estrés y mucha aversión acumulada contra sus compañeros de correos por lo mal que trataban a los clientes en las oficinas y a la correspondencia en los almacenes. Consideraba que los precios del servicio eran abusivos y le parecía un escándalo la opción de los certificados, pues lo consideraba como un soborno descarado para que el trabajo se realizase correctamente.

—La compañía obliga a los clientes a pagar más por garantizar que sus empleados cumplan correctamente con su responsabilidad laboral.

Necesitaba vacaciones, quizás replantearse un nuevo oficio —como actriz o crítica gastronómica, por ejemplo—, pero no se había dado cuenta hasta que el autobús la había arrancado de su rutina y le había regalado ese paréntesis entre flores raras, montañas primaverales y cielos gloriosos.

José guardó silencio, como las viejecitas, disfrutando de la buena compañía inesperada y asintiendo a las reflexiones de los demás. Cayó en la cuenta de que hacía mucho tiempo que no pensaba tanto en su padre y en lo mucho que su recuerdo inconsciente guiaba su vida. Nunca lo había considerado un hombre sabio, pero Miguel Finisterre le había enseñado a cuidar de los demás y de sí mismo, a pensar antes de hablar, a cultivar el sentido común y a disfrutar de la naturaleza. Ese oasis en el tiempo que estaba siendo la escapada del autobús 75 le recordaba a las excursiones dominicales con su padre y sus hermanos. No entendía por qué había dejado de hacerlas si siempre le habían gustado tanto. Se le ocurrió una idea.

—¿Qué os parece si seguimos en contacto? Alguno de nosotros podría hablar con un botánico y citarlo aquí para que viese las flores azules. Podríamos volver todos juntos...

—¡Y ponerle nombre a las flores! —exclamaron los niños— Porque las hemos descubierto nosotros.

—¿Y cómo las llamaríais? —se interesó su padre con una sonrisa.

—Nubezules —respondió la niña.

—Rarinubes —decidió su hermano.

—Setenta y cinco azul —dijo Lola en voz baja—. En honor al autobús que nos ha traído hasta aquí para enseñárnoslas.

Y como si fuese una señal para despertarlo de su siesta, el héroe mencionado pegó un respingo de sonoridad muy mecánica y su motor ronroneó vuelto a la vida. Su conductor y sus pasajeros se miraron sorprendidos, pero no necesitaron más explicación para entender qué les quería decir el 75. Ayudaron a las ancianas a ponerse en pie y se apresuraron hacia el autobús, que había empezado a maniobrar despacio para dar la vuelta en el prado y encarar el bosquecillo por el que se había precipitado con anterioridad. José y Ferran ayudaron a los demás a subir en marcha, las puertas se cerraron en cuanto todos estuvieron a bordo, y el 75 emprendió su carrera de vuelta con una adolescente dormida en los asientos de atrás, un insoportable joven trajeado ronco de tanto maldecir y siete pasajeros tristones por verse obligados a dejar atrás el hermoso prado de las flores raras. Sospechaban que no sabrían volver sin el autobús.

De regreso, en algún punto de la autopista, casi entrando en el gris de la ciudad, José Finisterre recuperó el control de su vehículo. Casi al mismo tiempo, el joven del traje anunció que los móviles volvían a tener cobertura. Lola comprobó la hora en su teléfono y avisó al resto del pasaje de que solo eran las nueve y tres minutos, la misma hora que habían marcado los relojes cuando el autobús se había pasado de largo la última parada de su recorrido habitual.

El 75 los había convertido en pasajeros hacia lo desconocido, en exploradores, en botánicos, en colegas de aventura. Les había regalado un respiro en el tiempo, un paréntesis de paz en medio de sus atribuladas y aburridas rutinas, un descanso del ruido y las pantallas. Les había dado un recuerdo extraño y maravilloso, una oportunidad. Una mañana de primavera de rara magia azul.

Reunión en el jardín

POR PABLO GALLEGO BOUTOU

El primer sábado de abril solíamos reunirnos en el jardín trasero de la abuela, que por esa época lucía rebosante de tomillo, gramíneas, dientes de león y amapolas salpicando sus márgenes como heridas abiertas.

Éramos muchos. Mi abuela, mis padres, mis siete tíos, mis dieciséis primos y yo, cada uno venido de un sitio distinto de la península y todos alrededor de una larga mesa hecha de otras mesas a la que parecía haberse subido la primavera. Jarras de sangría con clavo, pera y uvas; ensaladas de maruja; quiches de puerro de la tía Mercedes; la ensaladilla rusa con gambas de mi madre; empanadas de zamburiña y berberecho traídas por la prima Alba, de Oleiros. Y en el centro de todo, como la tarta en una boda, una bandeja con cincuenta o sesenta croquetas de pollo de la abuela.

Cada año, mientras el aceite chisporroteaba en la sartén, la abuela Ana María asomaba medio cuerpo por la puerta de la cocina y me hacía un gancho con su dedo grueso y enharinado, un gesto que bastaba para que yo dejase a medias cualquier persona o cosa con la que estuviera entretenido y saliese disparado al encuentro de un cuenco de masa cruda que me había reservado para comérmelo a cucharadas, a escondidas de mi padre y los demás. «Caray, no tan deprisa —decía siempre—. Te vas a poner malo de la tripa y me van a regañar a mí». Luego de arrebañar el cuenco, nos mirábamos un instante y yo me iba a la mesa fingiendo que nada había ocurrido, cumpliendo así mi parte del trato. Era nuestro secreto, el más importante. De niños, sellamos muchos pactos con los adultos a espaldas de otros adultos, convencidos de que esa intimidad nos pertenece. Una especie de ritual heredado que vivimos como un milagro y, más tarde, de adultos, como una costumbre.

En el extremo de la mesa reservado a los más pequeños, los primos devorábamos la comida, trapicheábamos con ella y jugábamos a los tazos y a las maquinitas. En la espera del postre, nos escondíamos bajo la mesa y la recorríamos de un lado al otro. Arrastrándonos como en una trinchera, competíamos por ver quién era capaz de llegar antes sin tocar alguna de las piernas que se cruzaban, se estiraban o nos amenazaban con la punta de un zapato. La zona del tío Jesús era una de las peores. Allí nos esperaba, dispuesto a asustarnos o apresarnos entre sus rodillas con tanta fuerza que solo nuestro llanto sería capaz de liberarnos. Si teníamos suerte, por el camino encontrábamos alguna moneda caída o veíamos sin querer las braguitas de la prima Alba, la mayor, que iba con falda. Siempre que lo hacíamos, nos mirábamos entre risas, sin entender del todo el por qué.

Fui yo quien la encontró. Reparé en ella el último abril, meses antes de que muriera la abuela.

Una vez dada buena cuenta de las galletas, la fruta y los helados, y cuando ya todos los mayores estaban sacando las teteras y las tacitas de café, y hablaban de cosas que no tenían el más mínimo interés para nosotros, me propuse reunir espigas que enganchar de las espaldas de mis tíos. Mi primo Enol, tres años menor que yo, me acompañaba. Le hacía mucha gracia enredárselas en su propio cabello. Con sus rizos plagados de panas y lanzas doradas parecía un poco el buen pastor de Murillo.

El rojo de las amapolas nos embobaba. Entre los perifollos y la achicoria, alrededor delcolumpio. Nunca como aquel año brotaron tantas. Desde el centro avanzaban hacia los extremos del jardín como si quisieran escalar sus muros. Abiertas, sin pudor.

La vi mientras introducía una espiga en el paño de tela que llevaba a modo de saco. Del color de un hematoma, de cuerpo metálico, asomando apenas. Al tacto me resultó rugosa, como una fruta podrida. Supe lo que era incluso antes de desenterrarla entre las demás flores. Enol, que había abierto mucho los ojos por la emoción, a punto estuvo de avisar a todos, pero yo me adelanté y le rogué que guardara el secreto. A nuestra excitación se sumaron cuatro primos más. Felipe, en un tono monocorde y con sus ojos parapetados tras los cristales de unas gafas que eran un prodigio de la ingeniería óptica, insistió en que había que volver a enterrarla, a lo que Enol se opuso. También Sara. Queríamos llevárnosla por ahí y tirar de la anilla, idea que provocó que Felipe, muy asustado, me diera un manotazo y se abalanzara sobre mí para quitármela. Para cuando Diego, su hermano mayor, gritó, yo ya había conseguido zafarme y me había echado a correr, dejando caer por el camino el paño de espigas.

Corrí hacia uno de los laterales de la casa con la sensación de que el corazón se me salía entre los labios. Por el camino, salté a la prima Ana –que escuchaba música echada sobre una toalla de playa–, y derrapé por debajo del chinchorro verde, colgado entre el muro y una rama de la higuera vieja que crecía fuera, lo que provocó que me rajara el pantalón por las perneras. A punto de alcanzar la entrada de la casa, Diego y Felipe me cerraron el paso. Venían de rodearla por el lado contrario, perseguidos por Enol y Sara, que farfullaban entre ellos.

Felipe volvió a fulminarme con sus ojos azabache, agigantados por los cristales de casi un dedo de grosor. Diego se adelantó un par de pasos, con aire amenazante.

—Te las vas a cargar —murmuró Felipe, jadeando sin parar.— No puedes hacer eso.

—¿Y por qué no?

—¿A que voy a tus padres? —Diego me intimidó.

—¡Que hago lo que quiero! —exclamé más alto de lo que pensaba.

—¡Marga! ¡Juan Pablo! —comenzó a gritar Felipe.

Y no había terminado de decir el nombre de mi padre, cuando Sara lo empujó y sus gafas salieron disparadas hasta quedar colgando del pecho, salvadas por un cordón de colores atado a las patillas.

Aproveché la distracción para dar media vuelta. Quise esconderme debajo de la mesa pero los tíos charlaban y fumaban y me pareció peligroso, así que entré a la casa por la puerta de atrás y me metí en el cuarto de la abuela. El llanto de Felipe se colaba por la ventana. Parecía que Enol y Sara forcejeaban con Diego. Alguno de los tíos gritó y escuché como varias sillas eran arrastradas por la gravilla.

Sosteniéndola en el cuenco de mi mano, como si fuera una joya, recuerdo pensar que se parecía al cohete de Tintín en chiquito. Era algo alargada y la carcasa exterior permanecía intacta. En cambio, de tan corroída como estaba por el óxido, la anilla parecía hecha de alambre de espino. Aun así colgaba tranquila, unida con firmeza a la parte superior. Metí el dedo índice y lo curvé, sin llegar a tirar.

—Yo no lo haría.

Era la voz de Noemí. Sobre la cama, con el costurero de la abuela abierto, sus ojos iban y venían de mis manos como dos cucarachas huidizas mientras llenaba de botones el volquete de su camión de plástico. —

—¿Por qué? —le pregunté molesto.

—Porque no.

Noemí, la prima con la que nadie quería jugar, hablaba lo justo. Cruzar una palabra con ella era casi imposible. Uno tenía la impresión de que ni las personas ni el mundo —pero sobre todo las personas— le generasen la suficiente curiosidad como para que se molestara en realizar el esfuerzo de comunicarse con ellas. Aun así, yo era el primo con quien más hablaba.

Papá asomó la cabeza tras el cristal de la ventana cerrada y dio en ella un par de golpes con los nudillos. Di un respingo enorme. Me llevé la mano a la espalda lo más rápido que pude, convencido de que me había pillado.

—¿Qué estáis haciendo? ¿Qué tramáis?

No supe cómo reaccionar. Noemí, con el brazo en alto y dejando caer más botones de colores en el volquete, respondió que íbamos a construir dos piscinas en el jardín, una de mayores y otra de adultos, y que las íbamos a decorar con cientos de botones en el fondo.

Mi padre arrugó aun más el ceño. Preguntó que de dónde íbamos a sacar el dinero.

—De los tesoros escondidos en el jardín de la abuela —respondió la prima sin dudar.

Aquella respuesta me pareció demasiado atrevida, casi una confesión, No me atreví a mirarlo a los ojos, pero mi padre, en lugar de enfadarse, se limitó a pedirnos que lo avisáramos cuando pudiera bañarse. Luego, su cabeza desapareció. Noemí clavó su mirada en la mía.

—No es buena idea.

No tuve más remedio que volver a enterrarla donde la había encontrado. La prima Noemí me inquietaba, siempre tan callada y sola; si ella decía que no era buena idea es que, definitivamente, no lo era.

Supervisado por los ojos atentos de mis primos, que se mantuvieron a una distancia prudencial, la coloqué en su lugar y la cubrí de tierra. Enol se pellizcaba con Felipe, Sara los regañaba. Una vez tapada, todos se dispersaron como si nada hubiera pasado. Cuando se habían ido, vacié sobre la tierra el paño de espigas.

Esa madrugada no pude dormir. El sudor me resbalaba por la columna vertebral como un animalillo y, por más que daba vueltas, no lograba aplastarlo. Muy cerca, las inspiraciones de Alicia —la pequeña de nosotros—, eran tan espesas que parecía que se apropiaran del aire del salón. «Quiero verla, quiero verla, quiero verla», pensaba.

Con movimientos casi coreografiados, fui sorteando cuerpos dormidos hasta alcanzar la puerta que daba al jardín. A pesar del bochorno del interior, afuera la noche era una sábana clara y limpia. Su frescura me hizo sentir mayor.

Al fondo el montón de espigas brillaba. Había sido buena idea marcar el sitio. Con el corazón nuevamente acelerado, las aparté una a una y, por temor a que alguien me descubriera, empecé a acariciar la tierra. De pronto, de la nada, surgieron unos dedos oscuros que rozaron los míos y me encogieron el estómago. Eran los de Enol. Me había seguido y, todavía adormilado, unía sus manos a las mías. Porque lo hacíamos lenta y tiernamente, parecía que desenterrábamos algo vivo. Temíamos despertarlo.

Apareció más fría que antes, pero mi angustia no se desinfló. La contemplamos sobre la tierra, largo rato, sentados entre las amapolas. Luego Enol se la llevó a la boca. No la besó. No hizo el gesto. Solo la sostuvo ahí, muy quieto, con los labios tocando el metal.

—Es bonita —dijo con cariño—. Como un huevo.

—Pero no es un huevo.

—¿Cuántos años tiene?

—De la guerra, por lo menos.

Luego de acariciar con ella su mejilla, me la ofreció. Yo estiré el brazo y, sin cogerla, metí el dedo índice por el hueco de la anilla. A Enol se le encendieron los ojos. Supe que los dos queríamos hacerlo. Pude sentir cómo compartíamos ese deseo oscuro, con la misma mezcla de fervor y espanto. Solo tenía que tirar hacia a mí.

Respiré hondo. El aire olía a tomillo. Entonces, mis labios se secaron y retiré el dedo. Enol se rió, nervioso. Los dos nos reímos.

—¿Y si hay más por el jardín? —preguntó.

—No creo.

—¿Y si sí?

Su insistencia me incomodó.

—Es imposible.

—¿Por qué?

Resoplé.

—Es que si sí —continuó insistiendo—, tenemos que desenterrarlas todas para que no hagan daño a la abuela.

Alarmado por aquella idea, miré a nuestro alrededor, busqué en la oscuridad y, por primera vez, quise olvidarme de aquel asunto. No recuerdo cómo, pero terminé por convencerme y convencer a mi primo de que lo mejor era enterrarla por segunda vez y zanjar el asunto.

Intacta, la devolvimos al agujero. Y no sé qué viento le dio a Enol que se tumbó en el suelo, casi reverente, con una oreja puesta sobre la tierra recién alisada. Con un gesto me indicó que hiciera lo mismo. Refunfuñé. Un frío seco y fugaz recorrió mi sien cuando apoyé la cabeza. Tras unos segundos, Enol susurró:

—¿Verdad que se la oye palpitar?

La mayoría de los tíos se habían marchado. La prima Alba cargaba el maletero, mi madre fregaba ollas y más sartenes y mi padre fumaba despreocupado en la mecedora de mimbre, tratando de sintonizar sin éxito el boletín de noticias en un transistor. La abuela arañó los zapatos de mi padre con las púas metálicas de la escoba al descubrir varias colillas en el suelo.

Enol y yo espiábamos de reojo a las espigas mientras ahogábamos magdalenas en leche con chocolate. Un malestar se había adherido a mi esternón. Una parte de mí quería decirles: «Mirad, ahí está, ¿la veis?», pero cada vez que iba a hacerlo me echaba para atrás, como cuando estás en lo alto de una roca y temes saltar al agua. No solo era la angustia por el rapapolvo que nos podría caer si se enteraban de que habíamos estado jugando con ella —si pensaba que había estado con ella dentro de la casa, ese miedo se multiplicaba de manera exponencial—, era por algo más difícil de nombrar. Había otra fuerza, una invisible. Una especie de lógica que no entendía, como si el hallazgo fuera importante y, al mismo tiempo, terriblemente ajeno. No contarlo me ayudaba a restarle gravedad, y restarle gravedad me hacía sentir mejor. No era para tanto, me repetí.

Enol lucía más despreocupado. Por ser más pequeño, tal vez esperaba que fuera yo quien hiciese algo. Mis piernas se movían nerviosas bajo el mantel de papel; él se estiraba los rizos tratando de llevárselos a la boca, hizo un puré con las magdalenas, se reía a causa de algún pensamiento.

Casi todos se habían ido. Los que vivíamos cerca no teníamos prisa en regresar. Mamá y mi tía hablaban en la cocina. Por la ventana abierta del cuarto de la abuela se escapaba un ruido de cajones cerrándose. A Enol y a mí nos encargaron recoger y limpiar las mesas. Debajo de ellas, descubrimos que las hormigas se estaban dando un festín, desbordadas. Era como si formasen parte de una sombra que los hormigueros exudaban, una lengua que avanzaba, frenética, devorando cualquier resto a su paso antes de retraerse. En procesión, se llevaban también las avispas y las moscas que habíamos fulminado con la raqueta eléctrica del tío Jesús. Al fin, llenamos cinco enormes bolsas de desperdicios.

Más tarde merodeamos por el jardín sin decir gran cosa. El calor del día comenzaba a derramarse. Enol arrancaba las cabezas de las amapolas y las alineaba por tamaños sobre el reposabrazos de la tumbona, concentrado. Yo me subí al chinchorro. Con un pie, aceleré su vaivén.

Echado, mi cuerpo entraba y salía del cielo límpido. Poco después, mis piernas extendidas rozaban el horizonte de montañas, luego la hiedra en los muros o la frente de mi padre, que aparecía y desaparecía al otro lado del jardín. Recuerdo que en el vaivén se coló la imagen del momento en el que la familia entera nos hicimos nuestra última foto, el día anterior. También el recuerdo de haber visto cómo mi madre tiraba bajo la mesa una moneda de quinientas pesetas para que alguno pudiéramos encontrarla. Cuando el movimiento de la hamaca se calmó, vi Enol que, de un manotazo, hacía saltar por los aires las amapolas del reposabrazos. Imaginé que todas caían sobre mí.

A menudo sucede que el pasado es una costra que todo el mundo prefiere quitarse.

Tras la muerte de la abuela Ana María, la familia entera dejó de verse. Para algunos fue un alivio. Ya fuera por indiferencia, alguna rencilla o por la ausencia de verdadera necesidad, se hizo innegable la realidad de que los ocho hermanos se reunían, únicamente, por el deseo firme –y callado–, de su madre.

La mía fue quien sostuvo con más empeño la costumbre de juntarlos cada abril. Sin embargo, no estaba en su mano evitar que los afectos se enfriaran, ni que algunos terminaran por volverse esquivos, incluso recelosos. *"Ay, hijo, qué se le va a hacer"*.

Los años posteriores, los hermanos usaron la casa como lugar de descanso. Entonces todavía era común que coincidieran algunos. Los que conservaban cierta afinidad planeaban pasar juntos unos días –incluso alguna navidad–, por lo que Enol y yo nos vimos con relativa frecuencia.

Más tarde, los primos crecimos y también empezamos a pedir la casa para ir con los amigos o con algún nuevo amor. Los más cercanos hicimos por vernos –o al menos lo intentamos–, hasta que, incluso para nosotros, acabó siendo un esfuerzo. Con el tiempo, la imagen que teníamos los unos de los otros dejó de corresponderse con la que nos unía desde la infancia y esa versión antigua quedó relegada a un lugar al que volvíamos solo a causa de cierta y difusa nostalgia. Nos convertimos en extraños.

Lo mismo sucedió con la casa. La familia entera la fuimos desdibujando, hasta transformarla en una pequeña ficción de hogar, uno al que la mayoría no volvió a pesar de lo mucho que lo añoraba.

Detengo el coche. Hemos llegado solos. Mi madre llora un par de veces. Dice que no es por la venta, que es de cansancio.

Entremezclada con flores y restos de basura antigua, la vegetación crece sin control en los márgenes del sendero, que está duro y plagado de surcos. Intuyo que pronto lo recubrirán de un cemento brillante. La casa se alza al final, más pequeña que en mi recuerdo. Caminamos hacia ella con paso lento.

Al llegar a la cancela oímos el ruido de las obras. Con casco y mono abierto hasta el pecho, un hombre descarga una plancha metálica de una furgoneta. Tras él, el nuevo propietario, Giacomo, se afloja la corbata y al vernos nos saluda con un entusiasmo que dura poco. No entiende qué hacemos aquí. Parece ilusionado, pero tenso. Le digo que paseábamos cerca y que nos apetecía echar un vistazo.

–Claro, claro, sin problema –responde desapareciendo por la puerta principal.

Mi madre echa un vistazo a la fachada. Están construyendo un segundo piso, o al menos esa era la intención de Giacomo. Los andamios ocultan la piedra plagada de parra silvestre.

Por dentro está vacía. En todas partes un yeso fino recubre el suelo. Hay sacos, bolsas de arena, latas de pintura, herramientas. Huele a crudo. Da la sensación de que estuvieran haciendo la reforma toda a la vez.

Cada uno de nuestros pasos reverbera por el pasillo principal. A pesar de las paredes desnudas, yo camino imaginándome la mesita con ruedas donde montaba la abuela el belén y los dos cuadros con fotos enmarcadas de los hijos. En uno de ellos, las fotos de carné de sus nietos, añadidas más tarde, estaban por fuera del cristal, sujetas precariamente en la hendidura del marco.

Junto a la cocina, el cuartito de juegos tiene la puerta cerrada. En el interior, si abriera el armario, vería las ceras y acuarelas y una caja con el tres en raya, el ajedrez, un parchís y varias barajas españolas de cartas.

Al llegar al salón descubrimos que ya no existe la puerta que daba al jardín, ni parte de la fachada. Parece que van a poner una nueva, más amplia, de cristal. Por el gran hueco en la pared, se ve cómo al jardín lo han liberado de sus muros y, hasta que construyan unos nuevos, corre a fundirse con la pendiente que conduce a los álamos del río Aravalle.

No hay amapolas. Han arrancado la higuera. Se ve el hueco donde estuvo: una mancha húmeda rodeada de tierra suelta. A su lado hay restos de raíces cortadas y piedras que no parecen de este terreno. Cerca, un grupo de operarios discute en voz baja. Se plantean no sé qué trabajo, apenas alcanzo a escucharlos.

Más apartado, uno de ellos se coloca unas orejeras, se ajusta los guantes y levanta un martillo neumático por las asas laterales. Con paso firme avanza unos metros y apoya la broca en la tierra.

Durante unos segundos el operario aguanta la postura con la cabeza inclinada, hasta que decide pulsar el gatillo y el suelo comienza a temblar y un ruido sordo y constante se impone a todo. Mi madre apoya una mano en el borde del hueco. Yo doy un paso más, hasta quedar junto a ella.

Hay más piedras de las que creíamos. Poco a poco, la broca va generando fracturas aisladas por todo el terreno. Da la impresión que el operario sabe con exactitud dónde realizar los golpes. A medida que se aproxima a nosotros, esquiva con cuidado las tuberías que van quedando al descubierto. El estruendo es insoportable. Mi madre se cubre los oídos.

Al llegar a la línea donde estuvo el muro frontal del jardín, algo lo obliga a detenerse. Suelta el martillo, se agacha y empieza a escarbar con manos firmes, como si supiera lo que busca.

Mi madre me pregunta si estoy bien. Respondo que sí, a pesar de que el pecho me late con violencia. Ella sonríe, se da la vuelta y sale del salón.

Fuera, el operario parece conforme. Recupera el martillo.

Y entonces me quedo esperando. Pero no sucede nada.

La flor de la última procesión

POR ESTEBAN GONZÁLEZ PONS

Para Elvira y Víctor

Existe una flor única cuya hermosura deriva de la enfermedad. Melancólica, exangüe, noctívaga. Bella porque se contagió de la peste o porque creció de los restos mortales de quienes la peste se llevó. Ostenta esa prestancia de astro extinto, apuñalado por miles de alfileres, tan propia de los coronavirus. En Santuario la llaman flor de la última procesión y su historia es la de dos amantes a los que separó la vida, pero reunió la muerte.

Nació en un tiempo tomentoso, inhumano, fúnebre, que simulamos no conservar en la memoria, como si hubiera pasado sólo para otras personas.

Un día volveremos la vista atrás y nos parecerá mentira o, peor, una pesadilla, pero sucedió tal y como no lo recordamos: durante tres meses y pico, del 15 de marzo al 21 de junio de 2020, o sea durante cien días, más de cincuenta millones de españoles fuimos encerrados en nuestros domicilios y puestos en cuarentena para atajar la cadena de contagios provocada por un virus mortal, llamado Covid-19. Se nos prohibió salir de casa y también todo contacto fuera del entorno familiar.

Las calles quedaron desiertas, como si los seres humanos hubiéramos desaparecido de forma repentina y, mal que bien, unos y otros nos acostumbramos a mirar aquel fantasmal paisaje urbano a través de las ventanas.

Se permitía abandonar la reclusión domiciliaria para ir al supermercado a por comida, pero poco más. La policía se ocupaba de que las estrictas leyes del confinamiento se cumpliesen a rajatabla por el bien de la comunidad. Y nosotros, cada día, a las ocho de la tarde, como presos golpeando los barrotes con sus cucharas, nos asomábamos a balcones y terrazas y aplaudíamos a los médicos y enfermeras que batallaban sin descanso contra el bicho.

En las primeras semanas de aquella tragedia fallecieron muchos, no sólo ancianos, también jóvenes, se acumularon miles de cadáveres y en las grandes ciudades hubo que buscar crematorios alternativos, por lejos que estuvieran, para hacer sitio en los depósitos. En los hospitales, los mismos médicos a los que se aplaudía a las ocho, desesperados por su desconocimiento de la nueva enfermedad, angustiados por la falta de lo más mínimo, como mascarillas o guantes, y agotados por jornadas interminables, decidían a quién se le facilitaba uno de los escasos respiradores porque tenía alguna posibilidad de sobrevivir y a quién, simplemente, se dejaba morir en aislamiento para que se fuera al otro mundo sin antes contagiar a nadie.

Desde la peste negra no se supo de otro pánico colectivo de tal magnitud que llevase a la oración a los no creyentes, reconciliase a matrimonios divorciados o arrancase de un mordisco una parte de la infancia de todos los niños. Quien más quien menos, en las noches tenebrosas del encierro general, hizo examen de conciencia y se figuró qué hacer y cómo avisar si una mañana se despertaba con sequedad en la garganta, tos seca o fiebre, síntomas del mal.

Muchos de los dramas que ocurrieron en esos días terribles no llegaron a conocerse porque, al sobrevivir cada uno en su propia celda doméstica, ni en los bares, ni en las peluquerías, ni en los mercados hubo ocasión de intercambiar sucedidos, desgracias o anécdotas. Son incontables las personas que murieron en la soledad de los boxes desbordados de las urgencias o en el naufragio de las residencias de ancianos con todos sus residentes agonizando.

Una de esas tragedias espantosas e ignoradas es la de mi hermano Gustavo, o la mía con él, ya que no sabría cómo calificarla.

Gus y yo éramos los últimos descendientes de una familia de ganaderos que, en el pasado, fue poderosa, que dio incluso un senador por la provincia en el reinado de Alfonso XIII, un deán de la catedral de Toledo y un asistente de Franco con grado de subteniente, pero que resultó proscrita hasta la ruina después del escándalo que protagonizó nuestro padre al sacrificar y vender a Supermercados Tajo Descuento veinte reses afectadas por la enfermedad de las vacas locas. Conservamos, eso sí, la casa grande de la calle Garcilaso de nuestro pueblo, Santuario, cabeza de partido judicial y sede arciprestal del valle del Río Urraca, pero nada más.

Nuestro padre, don Silvestre Galán, aquejado por una profunda melancolía, se arrojó al pozo plateresco que hay junto a los soportales de la real colegiata un domingo a mediodía, a la salida de misa y a la vista de todo Santuario.

Justo cuando la feligresía empezaba a repartirse entre los cuatro bares de la plaza para tomar el aperitivo, él fue y se arrojó al pozo como quien se lanza de cabeza a la piscina de su chalé en una mañana de agosto cuando el calor aprieta y se quejan las cigarras, con la naturalidad del que va a refrescarse. Fue visto y no visto. Se formó cierto revuelo porque había quien sostenía que la cosa no había ocurrido, por lo fugaz que resultó el bote, pero finalmente se impuso la prudencia y, después de escuchar varias veces el eco de la voz del concejal de Festejos llamando a nuestro padre por el alma del pozo —"¡don Silvestreee...!"— se dio aviso a los bomberos de la Diputación de Toledo.

Tardaron dos días en recuperar aquel cuerpo hinchado y, para que no cundiera el ejemplo, el Ayuntamiento decidió cegar el agujero. Quizá ese fue el único recuerdo que nuestro padre dejó en Santuario, un pozo clausurado, y en todo caso, en la escasa memoria de los animales que abrevaban ahí, pues las personas pronto olvidaron que alguna vez se pudo sacar agua de ese redondo pretil de piedra decorado con escenas abigarradas del diluvio universal y de la torre de Babel.

La Blasa —nuestra madre—, Gus y yo vimos cómo la vida nos cambió de golpe y cómo se volvió casi imposible seguir en Santuario. Nos devoró la vergüenza. Ella se encerró en casa, se emparedó junto con la Conchita, una vieja criada, bigotuda y con dos dientes menos en la sonrisa, vestida de negro, por fuera y por el alma, que salía a los recados y hacía las veces de marido carcelero. Y yo me fui a Albacete, al campus de la Universidad de Castilla-La Mancha, saqué Económicas y conseguí una colocación en el Banco Emperador, que me permitió casarme, honrada y tediosamente, como buen interventor de segunda.

Pero Gus no, él se quedó, él era de otra pasta más sensible. Cuando nació, ya el cura les dijo a nuestros padres que el niño traía "mirada y trabuco de artista". Y añadió que sería: un granuja, o una golosina para las mujeres o, peor, un poeta. Y resultó lo último.

Un soñador, un nostálgico, un ingenuo..., todo eso fue mi hermano. En sus ojos, enormes, planisféricos y azules claros, se traslucía un fondo de candor, idealismo y retraimiento que no desmentían sus uñas mordidas hasta los pellejos.

De pequeño, lo recuerdo rodeado de alimañas: lagartijas, ranas, pajaritos caídos del nido, escarabajos, alacranes, lombrices... Para todos ellos tenía un nombre propio y una conversación. En Santuario es imposible ser Tarzán, pero Gus era lo más parecido que se puede ser al rey de los monos en los Montes de Toledo. Criado por la Blasa de don Silvestre y no por la mona Chita; enfrentado a Demonio, el perrazo cojo de la huerta de las monjas, y no a un cocodrilo; apto para emitir, como los pastores, un silbido que alertaba a las ovejas, en vez de un grito, largo y entrecortado, capaz de encrespar las orejas de los rinocerontes..., mi hermano reflejaba bien la estampa del gorila blanco, del buen salvaje, si es que ese hombre de la selva hubiera sido de la provincia de Toledo.

Y, como todo Tarzán, Gus tenía su Jane, su Daniela.

Gus y Dani, prácticamente, se conocieron el día de su nacimiento, dado que vinieron al mundo en la misma madrugada y en casas vecinas, separadas por la Cuesta de la Última Procesión, la calle más empinada de Santuario, la que conducía al cementerio viejo, alojado entre los muros del antiguo convento fortaleza de los templarios. Desde la cama en que la Blasa, convaleciente, daba el pecho a Gus, a través del balcón, se podía ver a la Soco, también recién parida, darle de mamar a su Dani ante el mirador acristalado de su salita. Uno de azul, la otra de rosa, ambos se presentaron en la vida como mellizos de dos úteros, cogidos al mismo nudo tal que cerezas del valle del Río Urraca.

La única diferencia radicaba en que una pasaba las noches llorando y el otro no, como si eso ya fuese una metáfora de la distinta forma en que cada uno afrontaría el provenir.

Crecieron pegados, jugando juntos, aprendiendo uno del otro, garabateando palotes en la misma cartilla escolar, tomando la comunión como si fuesen un almirante y una novia infantiles el día de su boda y, cuando les llegó la edad, se besaron. A nadie le extrañó que se hicieran novios porque jamás Dios pensó en un chico y una chica tan uno para el otro. Se diría que el destino quiso que fueran un solo ser dividido en dos cuerpos, aunque recompuesto por amor.

Gus y Dani, el de la nariz chata y la de la boca de pato, se complementaban hasta el punto de que, si los ojos de él eran de agua, los de ella de carbón; si él resultaba flacucho y quebradizo, ella poseía la complexión y la agilidad de un felino, y también su salud; si él parecía lamido por la luna, a ella daba la impresión de haberla acariciado el sol a mano abierta; si a él le gustaban las fantasías, los misterios y la novelas, ella prefería las excursiones, las partidas de cartas en el Café Moderno y bajar a la ermita santuario de la Virgen del Camino a lomos del burro de la Chiti, la de la pastelería de abajo, la de las yemas de San Ildefonso... Gus ponía la paja y Dani la llama en aquel fuego que todo Santuario sabía eterno.

Sí, eterno porque comenzó antes de nacer e iba a durar hasta después de la muerte.

Al llegar a los diecisiete, este hijo de la Blasa y la niña de la Soco dieron una agradable sorpresa al pueblo al anunciar que les habían concedido sendas becas del Instituto de la Juventud para irse a estudiar a Madrid: Filosofía, Gus, e Ingeniería Agrícola, Dani. Se esperó lo mejor de estos Romeo y Julieta castellano manchegos, el cura los mencionó en una homilía dominical y sus familias se los figuraron al regreso, con cuatro niños y convertidos: él en el nuevo maestro y ella en la ecónoma de la Cooperativa Cerealística Virgen del Camino.

Y entonces..., justo entonces aconteció el drama. Nuestro padre se tiró al pozo y la tierra se hundió bajo los pies de mi familia. Como ya he mencionado, nuestra madre se clausuró en casa y yo me largué, pero Gus..., Gus se derrumbó por dentro.

El golpe resultó desgarrador y fatal para su unión con Dani.

Según él, después de aquello, a dónde iba a ir que no se supiera de quién era hijo. A ella eso le parecía una tontería, pues en Madrid nadie había oído hablar del suicidio de su padre. Él replicaba que le faltaban las fuerzas. Ella, que lo que necesitaba era, exactamente, poner tierra de por medio. Él que no se podía marchar, ahora no. Ella que no podía quedarse en Santuario, ahora o nunca. Ambos se abrazaron, lloraron hasta el alba y se dijeron de mil formas que se amaban, pero, llegada la hora, Gus decidió quedarse y Dani marcharse.

—Te juro que volveré para que seas el primer hombre con el que haga el amor —le susurró ella al oído.

—Te juro que te esperaré hasta el día de mi muerte —respondió él, con los labios pegados al lóbulo de su oreja.

Y ambos cumplieron aquella promesa.

Como en toda separación, el comienzo fue lo peor. Pasó por lo menos un año hasta que Gus se medio acostumbró a vivir sin la silueta de Dani perfilada en la cristalera del balcón con mirador emplomado de la salita de la casa de enfrente. Y, aun así, siguió despertándose cada mañana con la vista puesta en esa cristalera, queriendo atisbar el perfil de su amada metiéndose en la blusa, abrochándose el sujetador o peinándose al otro lado de la Cuesta de la Última Procesión.

Nuestra casa manchega con patio de la calle Garcilaso, esquina con la Cuesta de la Última Procesión, era una típica construcción de ganadero rico de un pueblo de Toledo: fachada de piedra con balcones en el piso alto de los que pender las colgaduras para el Corpus; dos plantas, la baja para la cocina, el comedor, la salita de coser, la antigua cuadra y el lavadero, la alta para los dormitorios y el estar con chimenea de invierno; rejas en las ventanas a pie de calle, tejas árabes en el techo y, en la entrada, doble puerta castellana de roble con cuarterones, herrajes y aldaba de mano con bola de hierro negro.

Sobre el portal destacaba un escudo de piedra con sirena, galeón y yelmo emplumado que nuestro padre compró en un derribo en Santander y convirtió en el de los Galán. Llegó a estamparlo, incluso, en la marca de las reses. Las que vendió enfermas del mal de las vacas locas llevaban este escudo quemado en sus cueros.

Gus y Dani, primero, se llamaron a diario; luego, se enviaron wasaps y felicitaciones, pero, poco a poco, fueron perdiendo el contacto hasta no llegar a hablar ni siquiera por Navidad.

Se perdieron en la distancia y en el tiempo.

Ignoro qué fue de Dani. Envejecieron sus padres y se trasladaron a Madrid, ella no vino ni a buscarlos, y más tarde se comentó que la Soco y el Terencio murieron en la capital, muy seguidos, de un enfriamiento o algo así de común. No sé, el caso es que Santuario le perdió la pista a Dani y que su casa, vecina de la nuestra, quedó vacía por años. Si uno se asomaba por las ventanas de la planta baja, por las rendijas que se abrían entre las pesadas cortinas se podían ver los vetustos muebles de color betún cubiertos con sábanas blancas.

Gus se convirtió en un misántropo. Aparentemente, olvidó a Dani, dejó de hablar de ella, aunque se pasaba las tardes y las noches en silencio, tumbado en la cama en que nuestra madre le daba de mamar, con la vista fija en el mirador vacío de enfrente, a veces, sin comer ni cenar. Le dieron trabajo en el matadero, desembarcando a los animales, tranquilizándolos, concediéndoles un postrer gesto de cariño antes de pasarlos por el cuchillo y transformarlos en embutidos. Para eso le sirvió el don que le dio el cielo de conversar y entender a las bestias.

También murió nuestra madre, la Conchita volvió con su marido y él se quedó solo en aquella casa en la que crujían las maderas del suelo; al reloj de pared se le escuchaba contar segundos en las tinieblas que preceden al alba y en el que a veces te sobresaltaba el arrullo de las palomas que se colaban en el desván.

Y así sobrevivió durante años, como un ermitaño loco, "el novio cadáver", le llamaban los niños de la Escuela Pública Leyendas de Bécquer de Santuario.

Hasta que llegó el Covid-19.

Inesperadamente, como la traición, se presentó la peste.

El Gobierno dictó un decreto que nos enclaustró en nuestros domicilios y quedamos millones de españoles enrejados como canarios viendo el mundo desde su jaula colgada en la pared.

El primer día del confinamiento por la pandemia Gus cayó enfermo. Se contagiaría en el matadero.

En aquellas fechas pavorosas en que no había otra cura que rezar por el apestado y proveerle de cuidados paliativos si estaban a disposición del médico, muchos infectados fueron dejados a su suerte en sus domicilios a la espera de que llegase el decimocuarto día de la infección, entonces era cuando unos se recuperaban con bastante rapidez y otros morían ahogados con la misma celeridad. Para Gus fue así, la fiebre, los pitos, los delirios, el hambre..., los pasó sin nadie, arrastrándose por las habitaciones de la casa del escudo de la sirena de los Galán como un proyecto de espectro, yaciendo en el sofá tapizado con cuadros escoceses rojos y negros del salón de arriba o tiritando en la cama con rosario colgado en el cabezal de nuestra madre, dando bocanadas como un pez para respirar.

Le llamé muchas veces, casi cada día, para ver cómo estaba y si necesitaba algo, aunque jamás me respondió, ni entonces ni en todo el confinamiento. Sólo al final, el día en que se levantó la prohibición de salir a la calle, él me llamó a mí.

Ahora me arrepiento de que no me alarmase su silencio..., no fui un buen hermano. Tener mujer, hijos y suegros no me exculpa. Lo confieso, al no responderme debí hacer algo más.

Ya es tarde.

Catorce días después de que comenzasen sus síntomas, Gus se despertó con la certeza de que todo había pasado, disfrutando de una sensación de placidez y fortaleza que pensaba perdida para siempre, alegre y, extraño en él, con ganas de escuchar canciones pop en la radio. Poseído por la vida. Le hizo feliz que el sol brillase con luz alimonada, expansiva, de puro junio, y quiso salir al balcón a disfrutarla.

Se quedó helado cuando, al enfrentarse al mirador de casa de Dani, le pareció ver una mano que separaba un poco las cortinas como para que alguien desde adentro pudiera ver lo de afuera.

¿Dani?

¿Quién si no? En esa familia no quedaba nadie más y la casa, que él supiera, no se había vendido. ¿Dani? ¿Podía ser cierto? ¿Había vuelto Dani a Santuario para pasar el confinamiento? ¿Estaría casada? ¿Vendría con hijos? ¿Era ella?

Se pasó la mañana, la tarde y buena parte de la noche observando aquel mirador de cristales emplomados desde la cama de la Blasa. No se permitía siquiera parpadear por si la mano —¿eran uñas pintadas de mujer?—, aparecía de nuevo y se le escapaba…, aunque nada sucedió. Y justo cuando empezaba a concluir que sólo habría sido una alucinación consecuencia de la fiebre sufrida, se distrajo y, al devolver la vista al mirador, se encontró con las cortinas corridas, abiertas del todo.

—¿Dani? ¿Un milagro…?

Pudo recrearse en la contemplación de aquella sala de los muebles cubiertos por sábanas blancas que estaba tal y como la dibujaba su memoria. Los recuerdos le oprimían el corazón como un enjambre de abejas a una colmena, zumbando, llevando y trayendo polen y miel del pasado al presente y viceversa.

Un par de noches más tarde, también las sábanas desaparecieron de los muebles y fue como si el tiempo no hubiera transcurrido. Exactamente así porque no pasaron muchas noches más hasta que la vio.

—¡Dani!

La observación duró apenas un segundo. Ella entró y salió con prisa, atareada, poniendo en marcha la casa, reabriendo el desván y los armarios. Estaba igual que la recordaba, los años no habían pasado para ella. La misma energía, la melena en llamas, el cuerpo de gacela, el camisón de las tertulias de balcón a balcón cuando llegaban al amanecer estudiando para la selectividad…

La siguiente vez que apareció, alzó el rostro, miró a Gus, le sonrió y le guiñó el ojo.

Mi hermano escuchó en la radio que, en toda España, a las ocho de la tarde, la gente estaba saliendo a los balcones para aplaudir a los médicos y las enfermeras, y pensó que esa podía ser una buena forma para hacer salir a Dani.

Aquella misma tarde se asomó al balcón y estuvo aplaudiendo, él solo, arropado por el eco de sus propios aplausos solitarios, durante diez minutos. Le extrañó que, en una vía importante, con casas tan renombradas como la Cuesta de la Última Procesión, nadie más estuviera poniendo en práctica esta moda nacional que buscaba reconfortar a los españoles tanto como alentar a quienes daban la cara en la lucha contra el virus. Pero Gus no estaba ahí aplaudiendo por solidaridad, sino para sacar a Dani al mirador, así que no le importó si era el único que daba palmas en Santuario.

Y consiguió su objetivo. No inmediatamente, aunque sí una semana después, tal vez algo más, de aplaudir a solas, Dani se asomó al mirador y se puso a palmear con él. Los dos y nadie más en la Cuesta, como siempre había sido. Eran la pareja que ignora al mundo, que no necesita que el mundo le preste atención, que existe sin el mundo y seguirá existiendo cuando el mundo acabe, si es que se da cuenta de que el mundo se ha acabado.

Les dio un ataque de risa. Podrían haber reaccionado de muchas maneras, diciéndose hola, pronunciando uno el nombre del otro, mirándose fijamente a los ojos, pero lo hicieron así, compartiendo carcajadas mientras hacían palmas, expresando de la forma más sonora posible en qué consiste la felicidad completa.

Se les saltaron las lágrimas de tanto reír. Luego, la risa se agotó con el aplauso, pero las lágrimas no cesaron y, al final, se despidieron hasta mañana con una leve inclinación de cabeza, llorando con una sonrisa en los labios, larga y definitiva como de media luna.

En días posteriores se dirigieron la palabra.

Ella fue la primera en decir:

—Cumplí mi promesa.

—Y yo la mía —respondió él.

Y ya no regresaron al interior de sus casas, ni él del balcón ni ella del mirador. Puede que exagere, pero, por lo que me contó Gus, se pasaron diez o quince días ahí, embelesados, hablando por los codos, poniéndose al día, contándose lo distinto que era Madrid, todo lo que había acontecido en Santuario, cuánto se habían echado de menos, cómo nada había cambiado en sus corazones, qué injusta había sido la vida con ellos, qué radical era su amor..., y haciendo una pausa para aplaudir y reírse cada vez que llegaban las ocho de la tarde, solos en la Cuesta de la Última Procesión.

No necesitaban comer y, por tanto, tampoco iban al baño.

Fue Dani la que, por fin, dijo:

—Oye, Gus, pienso que, si yo he cumplido mi promesa y tú la tuya, por qué no cruzas esta noche, y eres el primero..., y terminamos lo que empezó el día en que nacimos...

—Dani, te refieres a...

—Sí, me refiero a...

—¿Estás segura?

—Más de lo que he estado nunca de nada.

—¿Y si me sorprende el alguacil o la pareja de la Guardia Civil?

—Pero ¿quién te va a pillar si llevamos casi dos semanas en el balcón y no hemos visto pasar a nadie?

—Tienes razón, ¿quién me va a pillar si están todos confinados?

—Pues eso...

—En cuanto salgan las estrellas...

Y de ese modo ocurrió. En cuanto las estrellas vomitaron de plata las fachadas, las aceras y, arriba de la Cuesta, la tapia templaria del cementerio viejo, Dani dijo:

—Ven, mi amor.

—Voy, mi amor —respondió Gus, siempre un minuto por detrás.

A la carrera cruzó la calle como si fuera un río americano o un estrecho de Gibraltar que separasen dos universos paralelos, dos civilizaciones, una de amazonas y otra de lepidopterólogos, sin cruzarse con alma alguna y sin que le diera el alto el alguacil o la pareja de la Guardia Civil.

En la puerta, ella lo esperaba desnuda y el beso con que lo recibió duró hasta la madrugada. No separaron sus bocas ni siquiera las tres veces en que hicieron el amor. No, no dejaron de besarse en toda la noche, ni para hablar. Lo que tuvieran que contarse, lo hicieron de lengua a lengua, sin romper aquel beso eterno, maestro, definitivo.

Cuando el sol comenzó a salir, sin soltar aquel beso, él vino a decir:

—Tengo que volver a mi casa, no vayan a pasar el alguacil o la pareja de la Guardia Civil y descubran que he roto las reglas del confinamiento...

—Vete, mi Amor, ahora mi promesa está debidamente cumplida... Has sido el primero y el único, ya puedo descansar... Si regresas a mí esta noche, te prometo que nunca más nos separaremos.

—Tú también has sido mi primera y mi única. Volveré, te lo prometo.

—Lo sé, volverás... Lo sé... —concluyó ella, separando ya los labios de los de él y dándole un ligerísimo empujón sobre el pecho que lo puso en la calle.

Al llegar a casa, excitadísimo, marcó mi número de teléfono y me contó todo todo, sin ahorrarme un detalle: lo enfermo que se puso; cómo se despertó, después de catorce días, con la sensación de disfrutar de una nueva vida; lo de la mano misteriosa corriendo las cortinas del mirador de la casa de enfrente; el reencuentro con Dani; los días y noches eternos de ambos en el balcón sin que pasara nadie por la calle; que había cruzado para hacer el amor con ella y que, tras el atardecer, pensaba volver a su casa para reunirse con ella para siempre.

Yo no sabía cómo explicárselo. Se me ocurrió que el coronavirus le había dejado algún tipo de demencia como secuela, pero estaba obligado a hacerle saber la verdad.

—Gus... —comencé.

—Dime, hermano...

—Si regresas a casa de Dani, la vas a encontrar vacía.

—¿Cómo?

—Nadie te abrirá la puerta.

—Pero qué dices. Anoche Dani estaba ahí.

—No está.

—¿Se ha ido?

—No.

—¿Entonces?

—Hace muchos años que Dani no vive en esa casa.

—¡No sabes de qué hablas!

—Lo sé perfectamente, Gus, Dani está muerta. Desde marzo está muerta.

—...

Creo que lo sentía sollozar, pero no estoy seguro de que aquel murmullo no fuese, simplemente, el gruñido de la línea telefónica desatendida.

—Fue una de las primeras personas conocidas por nosotros en contraer la enfermedad —seguí—. Falleció en un hospital de Madrid.

—...

—Te llamé para decírtelo, pero no me cogiste el teléfono... Gus, ¿me escuchas?

—...

—No la podían incinerar en Madrid y tampoco le encontraban parientes cercanos... Dani estaba soltera y sin pareja, como te prometió... Conque, a través de una empleada de la librería Hojablanca de Toledo, hermana de la enfermera de la planta en que Dani se fue, que sabía que habíamos tenido relación en el pasado, me contactaron en Albacete y yo me ocupé de que la incinerasen ahí, en el matadero de Santuario..., sí, se utilizó como horno para humanos durante la pandemia..., y de que enterrasen sus cenizas junto al ciprés grande del cementerio viejo, en la sepultura que compró madre para nosotros. El coche que la llevó al crematorio debió pasar por delante de casa como catorce días después de que empezase el confinamiento...

—...

—Más o menos, cuando tú viste la mano...

Se cortó la comunicación.

Avisé corriendo a don Arlindo Castañón, el médico generalista del pueblo y le rogué que acudiera de urgencia a visitar a mi hermano, pues me alarmaba el estado de enajenación en que lo había encontrado. Hasta su voz me pareció extraña, como si hablase con la boca llena, como si le restasen o le sobrasen dientes, como si, por falta de aire en los pulmones, se tuviera que esforzar para hacerse oír.

El doctor Castañón me telefoneó cuatro horas más tarde y me contó, con toda la delicadeza de que fue capaz, que se había personado en la casa del escudo de la sirena de los Galán; que se había cansado de esperar a que le abrieran; que había llamado a la pareja de la Guardia Civil y que, personada esta, tras forzar la entrada, se descubrió a mi hermano sobre la cama de nuestra madre, con los ojos muy abiertos y fijos en el mirador de cristales emplomados de la casa de enfrente, muerto.

Muerto.

—¡Hemos llegado tarde! —sollocé.

—Pero que muy tarde, señor Galán —me respondió con un punto de prevención hacia mí o hacia mi posible reacción—. Su hermano lleva meses muerto. Yo diría que desde marzo está muerto, no más allá de unos catorce o quince días después de que empezase el confinamiento. Hasta el punto de que su hermano está momificado...

—Pero...

—Pero que le ha llamado por teléfono, ¿no?

—Sí...

—Bueno, esas cosas pasan... No se hace una idea de la cantidad de casos misteriosos de personas que murieron solas, casi abandonadas, y regresan más tarde para despedirse bien que estoy conociendo por culpa de esta peste.

—Me hago cargo...

—Ahora, comprenderá que debemos sacar a Gus de la casa...

—Doctor, ¿podría hacerme un favor más?

—Usted dirá.

—¿Podría ocuparse de que los restos de Gus sean inhumados...

—¿En la misma sepultura en la que están los de Dani?

—Sí.

—Descuide, ya pensaba tomar esa iniciativa por mi cuenta. Este es un amor sin principio y no debe tener final.

Y así se hizo. La momia de uno se mezcló con las cenizas de la otra.

Pasado el tiempo, yo puse una lápida que dice:

"Dani y Gus, nacieron y murieron para renacer el uno para el otro"

Y fue de debajo de esa lápida, de la tierra que comparten los amantes, que surgieron dos tallos, casi albinos, que se cruzaron y se fundieron para dar lugar a una sola flor sombría, redonda y coronada como un girasol, funesta como la trampa de una planta carnívora, la única flor del mundo que procede de la unión de dos matas diferentes. Una flor oscura, que brilla con los reflejos de la luna y que nadie osa cortar, la flor del cementerio viejo, la flor de la última procesión.

Los niños del Colegio Público Leyendas de Bécquer sostienen que, por la noche, cuando las estrellas vomitan de plata las fachadas, las aceras y, arriba de la Cuesta, la tapia del cementerio viejo se puede ver a Gus y a Dani, cada uno en su balcón, riéndose y aplaudiendo. Y que él le dice:

—Te prometí que volvería.

—Y yo te advertí que la próxima vez sería para no separarnos jamás.

Y añaden los niños que la flor negra de la última procesión es la hija que Gus y Dani han tenido después de muertos.

No les falta razón.

Aquel Covid-19 fue un genocidio de buenas personas, una lotería de penas de muerte, un océano de historias personales que jamás se contarán. Un día volveremos la vista atrás y nos parecerá mentira o, peor, una pesadilla.

O una leyenda.

TU MARCA EN CONTRACUBIERTA:
conecta con lectores y creadores

Reserva tu espacio publicitario en el próximo número y llega a un público comprometido con la cultura.

ANÚNCIATE EN UNA PÁGINA COMO ESTA

Escríbenos al email contacto@hojablanca.es o al WhatsApp 660 84 85 03

Amanda 453

POR ÓSCAR VALLADARES

Me sobresaltó el sonido del teléfono fijo. Era Amanda desde su trabajo. Estaba alarmada. Han descubierto la flor, dijo.

El cultivo, corregí en mi pensamiento, porque, si todo iba como ella había previsto, las flores deberían haber conquistado al menos un tercio del condado donde depositamos la semilla. A parte de eso, no sentí nada especial. Como cuando maté a aquel chico. No logro controlar eso. Estoy desprovisto de todos esos mecanismos. Es mejor así. La doctora, sin embargo, se mostró excesivamente nerviosa, amontonando palabras y adelantando consecuencias un tanto exageradas. En alguna de mis guardias había leído que la primavera podría condicionar según qué comportamientos y dotar a algunos individuos de cierta hipersensibilidad; así que tuve que tranquilizarla sin que sospechara. Insistí en que regresara a casa de inmediato y estuvo de acuerdo. Lo haría a pie, los dos sabíamos que los trenes dejarían de circular en cualquier momento. De hecho, la red de telefonía móvil e Internet cayeron al poco tiempo de despedirla y algunas de las avenidas principales de la ciudad se atascaron; la mayoría de ellas por vehículos bloqueados en mitad de la calzada, informaba la radio sin poder precisar la causa poco antes de quedarse sumida en ese carraspeo. Pasé la mañana tratando de recabar algún detalle más sobre el hallazgo, pero tuve que conformarme con el apunte de un noticiero que no pasó de describir, de forma imprecisa y un tanto somera, que unos navajos que arreaban una manada de caballos en el desierto, cerca de Holbrook (Arizona), habían descubierto extrañas manchas color azul cobalto que cubrían el suelo y, a modo de extensos tumores, crecían conquistando implacables la planicie rojiza acabando en un instante con la escasa y resistente vegetación arbustiva que encontraban; que al acercarse a examinar aquel extraño alfombrado oscuro y vegetal, los indios comprobaron su extraña suavidad al tacto y a la vista compuesto por pequeñas, desconocidas y extrañas flores arracimadas.

La noticia nos favorecía. Con ciertas reservas, y de manera instintiva, fui a buscar una botella de vino; costumbre que la doctora había adoptado de forma sorprendente desde hacía unos meses y a la que yo ahora me entregaba un tanto escéptico. Y brindé al aire como hacía ella, no supe muy bien por qué.

Horas después, Amanda abrió la puerta de nuestro apartamento y saludó con la voz abatida. Se descalzó para mostrarme una llaga en su talón derecho que rezumaba un humor verdoso y, cojeando, alcanzó el sofá y se tendió. Estaba asustada, aunque se esforzó en ocultarlo. Tomó una copa y se sirvió de la botella de vino; juntos vimos anochecer. Es extraño, comentamos, que no se dispusiera aún de ninguna imagen, un fenómeno así, tan llamativo a la vista; colegimos que los estamentos oficiales controlaban ya la información.

Con interferencias, la señal de televisión lograba mantenerse. Pasó a ser nuestro único contacto con el exterior junto al amplio ventanal del salón. En la pantalla, una reportera que sostenía un gran micrófono con el logotipo de una de las cadenas informaba a las puertas de la residencia presidencial. Detrás, podía distinguirse un nutrido grupo de periodistas apelotonados esperando una respuesta oficial; se daban empujones y usaban sus codos para pugnar por conseguir una buena posición en caso de comparecencia. En ese momento, los rumores eran de lo más disparatados; pero se daba por hecho que aquello no auguraba nada bueno, se había filtrado a la prensa que el Departamento de Defensa se estaba haciendo cargo de la situación. Esto nos preocupó. Amanda caminaba de aquí para allá por el apartamento sin propósito fijo, denotando gran alteración. Me recordó que en el trastero guardábamos el manual de procedimiento para casos así. Aludió a la posibilidad de usarlo. El Consejo había previsto todo, pero juzgué que aún era pronto para eso. Una acción de ese tipo podría alarmar inútilmente al resto del edificio, si no al barrio entero; o lo que era peor: precipitar la resolución y arruinarlo todo. Yo era el responsable de la seguridad y esperaríamos.

De madrugada, conocimos el testimonio de un grupo de mineros en Atacama. Ilustraba la noticia, esta vez sí, un video de escasa duración con imágenes difusas y movidas tomadas con un teléfono móvil, que mostraba las laderas de una lejana cordillera, antes de un tono ocre, teñidas de un azul oscuro e intenso. Era la confirmación de que la floración se había producido hacía unos quince días, calculó Amanda. Y comprobamos que el cultivo podía colonizar y aferrarse a la roca, tal y como defendió tras los primeros ensayos. Uno de los operarios de la mina, notablemente abrasado por el sol, indeciso y un tanto incrédulo, testimonió que aquello emitía un extraño zumbido apenas audible, como una vibración que fuera inofensiva, "de un olor intenso y mineral", añadió la doctora en voz baja. Las antenas de varios países, incluido el nuestro, ya lo habían detectado de forma nítida por lo que fue cuestión de horas que se propagara la alarma por todo el planeta. Todas las cadenas de televisión emitieron el video varias veces. A pesar del esfuerzo de muchos gobiernos por contenerla, se había extendido una ola imparable de pánico y desinformación en la mayoría de los países. Justo lo que habían querido evitar mediante su silencio. Después de una noche tensa, la televisión no cesaba de mostrar imágenes sobre revueltas y saqueos en varios lugares del mundo.

De alguna manera, nos sentimos satisfechos. Era una especie de alivio a tanta tensión durante los ensayos. Debatimos y sopesamos largo rato circunstancias y posibilidades. Estuvimos de acuerdo en mantener la calma y esperar acontecimientos; permanecer en casa los próximos días e ir agotando lentamente nuestras existencias hasta ver qué era lo más conveniente. Haríamos lo que fuera más seguro, ordené. Al fin y al cabo, sólo había noticias fehacientes de la flor en un continente, aunque muy pronto el viento haría el resto. Así que Amanda propuso acomodarnos en el sofá para beber vino mientras seguíamos con atención los partes —cada vez más similares a los de una guerra—, al tiempo que una neblina grisácea se apoderaba de la vista que nos ofrecía nuestro ventanal. Comenzó ocultando el remate de las torres más altas para, de manera muy lenta, como un pesado reptil amorfo, continuar invadiendo la ciudad a ras de suelo.

Echábamos un sueñecito de vez en cuando allí mismo, cubiertos por la misma manta, apoyados el uno en el otro. Esperando no sabíamos qué. Todas las cadenas habían suspendido su programación habitual e intentaban recabar datos de aquí y de allá mientras mostraban planos fijos generales de las ciudades y sus lugares más representativos. En cualquier lugar se distinguían inmensas filas de coches que atascaban no sólo las calles y avenidas de grandes poblaciones, también todas y cada una de las carreteras que confluían en ellas en ambos sentidos. Ciudadanos desesperados y atemorizados comenzaban a huir no se sabía dónde. Intercalaban a menudo entrevistas a científicos, autoridades y algún que otro fanático. Escuchábamos cada opinión entre largos tragos de vino. Lo cierto es que a estas alturas las flores cubrían ya, calculamos, más de un tercio de la superficie terrestre. Y muy pronto llegarían a las puertas de las zonas más pobladas. Para entonces sería imposible contener su acción. No me sentía culpable, la ciencia no debe reparar en esas cosas, había sostenido la doctora en tantas ocasiones. Amanda ahora ponía en duda esa y otras afirmaciones a la vista de las imágenes. Sospeché que se estaba instalando en ella ese componente emocional del que tanto nos habían prevenido. Quizás porque vio amenazado nuestro pequeño espacio, donde, de un modo imprevisible, había comenzado a nacer algo.

Cuatro días después de Holbrook, el presidente, flanqueado por un oficial del Ejército del Aire y un científico, se dirigió a la nación con gran solemnidad. Vestía traje azul; denotaba una seriedad atípica en su rostro. Comenzó sin más preámbulos: Una desconocida y extraña flor está colonizando y cambiando el planeta. Hizo una pausa grave antes de continuar. Es azul y se expande de forma descontrolada. Impide, hasta donde conocemos, el funcionamiento normal de las telecomunicaciones más básicas, excepto la señal de televisión. No se conocen con exactitud las causas y consecuencias de las visibles alteraciones que está provocando en la atmósfera. Se actuaría con cautela y de forma coordinada con otros países, aseguró con determinación. A continuación, pidió calma y colaboración a todos. Declaró el estado de sitio y cedió la palabra al militar, que expuso vagos detalles técnicos y decretó de forma exacta las nuevas normas. Nada de desplazamientos. El científico tomó la palabra poco después para explicar, en primer lugar, que se trataba de una nueva flor. Un descubrimiento botánico de primer orden si no fuera por lo extraño de su naturaleza y su potencial peligro. Las consecuencias de su expansión eran imprevisibles. De un modo divulgativo, ofreció ciertos pormenores sobre tejidos orgánicos artificiales y biomateriales, para rematar con la expresión "cultivo artificial de origen totalmente desconocido para la ciencia". Y finalizó, visiblemente desconcertado, atribuyendo a los cultivos, a las flores, a las colonias que parecían estar cubriendo toda la superficie terrestre —lo declaró como si alguien en la sombra lo estuviera obligando— la capacidad de emitir señales e interferir en la totalidad de las telecomunicaciones mundiales haciéndolas inviables. Excepto la señal analógica terrestre de televisión, como ya había indicado el presidente, lo cual indicaba una acción deliberada.

Amanda se quedó sosteniendo una copa a medio camino entre la mesa y sus labios y me miró. No dije nada.

A muchos el fenómeno les pareció fascinante, pero en los días sucesivos la cola del supermercado fue insostenible. En una ocasión dos hombres llegaron a las manos delante de mí y tuvieron que intervenir los soldados de la tanqueta que se había instalado al final de nuestra calle. Pude comprobar que a menudo los hombres estallan con violencia para combatir aquello que no entienden. No conseguí comprar nada. Tras unas horas de intentos estériles, el caos era ya notable y desistí. Permanecer más tiempo envuelto en aquel tumulto era exponerme demasiado. Regresé al apartamento para descubrir a Amanda embelesada con la imagen del desierto del Sahara completamente cubierto por una capa azul, como si un mar extraño y sólido lo hubiera anegado. Continuaron mostrando paisajes de todo el planeta; ahora, desprovistos de su aspecto habitual, tomaban un aire ajeno y abstracto. En la tundra, podía apreciarse el vivo contraste entre el suelo y el cielo de la aurora boreal.

Es tan hermoso, dijo Amanda, que provoca miedo.

Millares de personas estaban fascinadas ante un fenómeno de exagerada belleza. El azul es el color preferido del ser humano. Su longitud de onda está en torno a los 470 nanómetros; el azul cobalto de las flores tenía 478 nanómetros, para ser exactos. No en vano, fue el elegido por la clara respuesta que provocaba: una irresistible atracción por los cultivos en crecimiento. Debemos conseguir que tengan algo de hipnótico, decía Amanda en la fase de desarrollo. Eso y su suave tacto visual cuando el viento mesaba las anchurosas llanuras cubiertas. Era irresistible pasar las yemas de los dedos por sus pétalos y sentir esa agradable sensación de tersura, igual que las amapolas o las crestas de gallo. Puro terciopelo. Pisar descalzo la mullida alfombra que formaban, para favorecer con ello, aún más, su desmesurada capacidad de reproducción. Todo medido.

Amanecía cuando pude distinguir bajo nuestro propio balcón la llegada del cultivo. Tan próximo que se extendía ya por la gran avenida para desembocar en el parque que divisábamos desde casa. El Azul cobalto era más intenso y vivo que en las imágenes de televisión. Escuché inmediatamente su zumbido. Desperté a Amanda. Bajamos a la calle y caminamos hasta el parque, donde ya se congregaban cientos de curiosos al frío de la mañana para palpar o pisar las flores sin ninguna precaución. Reconocimos a varios vecinos de nuestra finca censurando, quizás, con su mirada nuestra frialdad.

Nos estábamos quedando sin provisiones. Lo único que nos sobraba era vino. Ninguna ocasión nos fue propicia para hacernos con el paquete básico de alimentos y productos de primera necesidad que repartía el Ejército dese hacía unos días. Cada entrega era la ocasión para un nuevo asalto o emboscada por parte de grupos organizados que se hacían con la mercancía. Fomentaban así un mercado oculto en los barrios de afuera a los que muchos se desplazaban en masa a intercambiar o comprar a cualquier precio todo lo que se vendiera. En muy poco tiempo el dinero en metálico y los objetos de oro retomaron su verdadero valor.

Así que tuvimos que comenzar a racionar seriamente nuestro consumo. Amanda se impacientó y me instó a preparar todo. Una noche, asegurándome de no levantar sus sospechas, bajé al trastero. Comprobé los mensajes, los equipos y repasé el manual mientras ella continuaba con la vigilancia arriba. Habíamos descubierto miradas demasiado indiscretas para una pareja más en un anónimo apartamento.

Llegado el momento, tendríamos que hacerlo de madrugada, sin luz. A esa hora solía relajarse la vigilancia de los soldados; además, sólo disponíamos del sextante digital y unas cuantas estrellas como guía. Los cazas del ejército sobrevolaban la ciudad sin cesar. El estruendo de sus reactores nos producía un frenazo en el estómago. Iban siempre en parejas y dejaban una estela nítida de gases. Amanda sostenía que habían dado con nuestra posición y calibraban una especie de redada en el momento preciso, esperando encontrarnos con las manos en la masa. Fuera, en cualquier lugar, proliferaban voces demasiado altas: predicadores y profetas de esquina proclamando algún apocalipsis. Amanda los escuchaba con una vocación nueva, desconocida, como si le insuflaran alguna esperanza. Templos, lugares de culto de todo el planeta comenzaron a abarrotarse de fieles. Los líderes religiosos anegaban la programación y solicitaban calma y oración. Pero la gestión del orden público se hacía cada día más complicada. Aventurarse en la calle en busca de alimento o bebida suponía un riesgo elevado incluso para nosotros. Yo desconfiaba de cualquier movimiento.

En la enésima comparecencia, el presidente anunció la misión. Después de valorar ciertos riesgos, un viejo transbordador espacial despegaría para acometer una fumigación aérea radiactiva a gran escala desde una órbita estable. De una forma similar a como se acaba con las plagas de langosta en las grandes extensiones agrarias de África. Afectaría exclusivamente a áreas despobladas, precisó. No se correrían ciertos riesgos. La prioridad de la misión era intentar frenar el avance de las flores para restablecer lo antes posible las telecomunicaciones.

Amanda opinó que valía la pena correr ese riesgo.

Para entonces, la vida había retrocedido tantos años que comenzaron a retornar de forma sorprendente usos ya olvidados: la tracción animal y el trueque de productos en los cruces de los caminos; conserva natural de alimentos; nomadismo; asociación espontánea. Demasiados huérfanos y cadáveres abandonados. Poca o ninguna expectativa más allá del propio día. Cada amanecer, era empezar de nuevo. A la noche se encendían fuegos y entorno a ellos se agrupaban para crear ese espacio tan propicio al mito y la fábula.

Era el momento de redactar el informe sobre Amanda. Un tanto impreciso al comienzo, fue tomando una forma más sólida según transcurrieron los días. Motivos no me faltaron. Tal vez de forma involuntaria, se estaba despegando de mí. Su atención se fue diluyendo y pasó a centrarse cada vez más en esas cuestiones tan ajenas, tan distantes para mí. Paulatinamente dejó de registrar e interesarse por los datos de la fotosíntesis artificial o el intercambio inducido de carbono en los tejidos vegetales artificiales. Una madrugada, al regresar del trastero, la sorprendí llorando. Se encontraba confusa, desconcertada por estar almacenando recuerdos que no le pertenecían, admitió. Experiencias tal vez de otros. Imágenes de dolor o sentimiento impreciso de pérdida. Demasiada televisión, deduje. Como si se hubiera instalado en mí, sostuvo, una indescifrable capacidad de sentir, de empatizar, quizás. De canalizar todo ese torrente de sensaciones.

Transcribí esas y otras cuestiones a mis conclusiones sobre ella. Pero supe muy pronto que todos esos sentimientos le eran propios. Esa condición era determinante. Experiencia personal, interacciones sensitivas, influencia de factores afectivos en la toma de decisiones. Y esa extraña apreciación hacia mí. Hubo claros indicios. Una caricia. Sus brazos rodeándome sin motivo. Suspiros y respiración agitada muy cerca de mi oído externo. Manifestaciones táctiles explícitas. Un día, a media tarde, con poca luz: sus labios intentando rozar suavemente los míos sin un propósito distinguible o clasificable.

Era sorprendente que el suministro de agua potable aguantara en la ciudad. Disponíamos de un hilo unas pocas horas al día, pero era suficiente. Logramos acomodarnos a esa y otras incomodidades. Casi todo escaseaba. Como teníamos bastantes botellas de vino, convencí a Amanda para salir e intentar cambiarlas por algo más útil. En un par de días ya no tendríamos qué comer. Nuestros cuerpos habían comenzado a cambiar. Salir, dejarse ver, era un riesgo notable. El mercado negro y el trueque funcionaban bien en los barrios periféricos, conocimos. Encontraría la forma de llegar a ellos y hacerme con conservas y otros alimentos duraderos.

Los cultivos eran visibles desde el espacio. Pero La misión fracasó, informaron los mandos militares. Una vez de aplicar la radiación en las zonas más tupidas, no se había conseguido nada más allá de contaminar la corteza terrestre y un empeoramiento del aire. Las nieblas eran cada día más espesas y pesadas. Los cultivos sobrevivían. La nave había logrado amerizar en un lugar del Pacífico, pero nadie iba a bordo. Cuatro astronautas se dieron oficialmente por desaparecidos. Su última comunicación se había desarrollado con toda normalidad minutos antes de la reentrada en la atmósfera.

Esa madrugada fue una madrugada como tantas otras: oscuridad absoluta, una brisa demasiado fría para verano, silencio absoluto en la ciudad. Puede que recuerde un par de datos más, pero no lo creo. Amanda no quería quedarse sola un solo instante. Y la empresa era peligrosa. Lo entendí. Utilizaría cualquier medio para hacerme con víveres suficientes y regresaría sin exponerme más de lo preciso. Estuvimos los dos de acuerdo. No pudo evitar el llanto cuando nos despedimos. Recorrí con la mirada el apartamento antes de salir; nuestro sofá, la televisión y los pequeños objetos cotidianos. Le prometí estar de vuelta antes de que anocheciera para abrir juntos otra botella de vino.

Aquella era mi única oportunidad para abandonarla. Saldría de la ciudad a pie, alcanzaría una zona despejada y trataría de informar. Después de recoger y comprobar todo el equipo, dando un gran rodeo para evitar los controles, con notables dificultades, encontré un camino entre la densa niebla para dejar atrás los últimos barrios de la ciudad. Los edificios, el campo, el mundo mismo estaban como empañados. Me gustaba ese gris, tan parecido al lugar donde crecí. Encontré demasiada gente confusa vagando por caminos y carreteras sin un destino claro. Aturdidos. Hambrientos.

Mi equipo podría llamar demasiado la atención. Como mi forma de alimentarme. Tuve que evitar todo contacto visual, alejarme de las rutas fáciles tan transitadas. Mi organismo comenzó a degradarse con los días y el avance me resultaba penoso. Demasiados animales salvajes dispuestos a todo y demasiada competencia por el agua. La tercera noche recibí una señal en el equipo. Pero no pude transmitir, oculto como me encontraba demasiado cerca de un asentamiento formado por agricultores. Vigilaban toda la noche y cualquier sonido me habría delatado. Me conformé con triangular mi posición después de descubrir y comprobar un par de enfilaciones en un claro. Las nieblas se disipaban lejos de los núcleos poblados. La señal de los cultivos era ya demasiado débil para interferir. El verano hacía su trabajo. Si me habían recibido, lo sabría en muy pocos días. Las posibilidades eran escasas, desde luego. Era muy improbable que patrullaran en ese cuadrante; y de ser así, era más improbable que establecieran comunicación conmigo sin las medidas establecidas de seguridad. Así que me entregué a un destino bien incierto. Me puse en marcha hacía el lugar acordado.

Seis días más tarde encontré los restos de una gran extensión de flores marchitadas por la radiación solar. Recabé muestras del tejido orgánico y almacené una gran cantidad de imágenes digitales. Eso hubiera hecho Amanda. Fue la última vez que me desplacé con luz. Un par de días después, cuando me abría a zonas más despobladas, al anochecer, fui avistado por dos jinetes que se encontraban a unos tres o cuatro kilómetros de distancia sobre una elevación del terreno. Picaron a sus caballos de inmediato y descendieron por la colina hacia mi posición. Levantaron una densa nube de polvo. Dudé antes de reaccionar. Pude escabullirme de milagro. Los caballos resoplaron tan cerca que pude sentir la humedad de sus belfos. Desistieron tras unos largos minutos merodeando y se perdieron de nuevo en el desierto. Al anochecer siguiente comenzaron a seguirme. Dispusieron de dos o tres ocasiones francas para alcanzarme en el llano, pero no las aprovecharon. Quizás tuvieran miedo; o quizás, conscientes de la información que transportaba, decidieron que les sería más útil junto a los míos una vez establecido el contacto. Contemplé entonces la posibilidad de que fueran dos agentes de control. Convertí mi equipo al sistema internacional de unidades. Logré anularlos con el visor nocturno la noche más oscura y cerrada de todas. Dos disparos certeros que apenas produjeron más ruido que la caída de cualquier rama. Cuando me acerqué a su campamento pude comprobar que no eran más que dos meros asaltadores de caminos buscando objetos de valor. Dos rateros. Sin duda el brillo de mi equipo les había llamado la atención. Los dejé allí mismo para los buitres. Aproveché el mejor de los caballos, gran cantidad de latas de conserva y agua suficiente para despreocuparme el resto del viaje. Así pude abandonar el desierto para ganar las primeras laderas de las montañas más elevadas y solitarias. Y con ellas sombra y refugio. Las noches eran cada vez más frías. Sólo disponía de una vieja manta y el fuego de la escasa leña que juntaba. Cuando había dado todo por perdido, de repente, una extraña e inesperada luz en el cielo el crespúsculo del vigésimo cuarto día. Al noroeste. Altura real: veintidós grados y un tercio.

Me asignaron vigilar y proteger a la doctora Amanda en la fase de formación y preparación de la misión. No me fue facilitado su verdadero nombre, por supuesto. Tras un largo proceso de investigación, ambos fuimos seleccionados para la incursión. Alguien que necesitaba redimirse y una botánica experta en tejidos biológicos artificiales capaces de transmitir señales codificadas. Habíamos pasado juntos 453 días en aquel apartamento. Por eso me dolió la transmisión de su informe. No puedo describir qué me provocaba aquella propensión. Pero sé que nunca se habrían acercado a mí si me descubrían solo sin causa justificada. Es evidente que uno de nosotros no puede poner en peligro al resto. El mando había asumido un riesgo notable, tengo que admitirlo. Pero funcionó. Por eso estaba en la cima de aquel monte esperando.

En cuanto oscureció, pude montar el transpondedor y orientarlo adecuadamente sobre la cumbre más elevada a mis posibilidades físicas. Mi tejido muscular había comenzado su descomposición de forma irreversible. Ni siquiera las proteínas de la carne de caballo pudieron evitarlo. Una bajada de azúcar repentina estuvo a punto de arruinarlo todo. Finalmente, logré emitir el código establecido. Un piloto verde se iluminó de inmediato. Era cuestión de tiempo. Me senté en un roquedo cercano a mirar el cielo. Ahora tendría que recuperar mi verdadera identidad, despojarme de todo lo que había significado para Amanda y para el resto durante los días de la misión. Lentamente me apagué.

Los tejidos biológicos artificiales que Amanda desarrolló tienden a adoptar los parámetros bilógicos y genéticos de la forma de vida a la que suplantan. No sabemos aún cómo ocurre, no es nuestro primer agente que lo sufre. Recogerla hubiera sido un riesgo absurdo. Los sentimientos pueden acabar con cualquier forma de vida avanzada. Quién sabe si un error en la cadena de transmutación hubiera creado un híbrido, un monstruo.

Fui localizado en un par de horas terrestres desde que recibieron mi señal. Me recogieron aprovechando la noche. Desperté en unos días. Después de tanto tiempo, me costó adaptarme a la presión y concentración de hidrógeno de la atmósfera de la nave. Recuperé mis tejidos y comencé a transmutar. Mi trabajo está hecho, me repetía constantemente en la soledad de la cápsula.

Desde que descubrimos este sistema y reportamos sus coordenadas mediante los cultivos de flores han sido necesarios 453 días terrestres para desplazar hasta aquí nuestra flota y organizar la explotación. Ese fue el tiempo que estuve viviendo con Amanda en nuestro apartamento. Y así decidimos nombrar a su nueva flor: Amanda 453. Puede parecer poco tiempo para una pareja, pero no lo es para un rastreador y una científica que se unieron en busca de un planeta con agua en este cuadrante.

Es mejor así, no esperar ni un día más. Amanda lo hubiera entendido a pesar de todo. Tras lanzar los primeros proyectiles, observé las oscuras columnas de humo elevarse desde las grandes ciudades. "La Tierra". Ahí abajo estaría Amanda en nuestro sofá preguntándose tantas cosas. Y quizás ya una mujer esperándome, pensé con un sentimiento nuevo de tristeza.

Fin

Utopías, distopías y ucronías en el cómic

POR FRANCISCO QUERO GARCÍA
ILUSTRACIÓN CaMiNaNTe

En la ficción, tanto en la literatura, como en el cine o en el cómic, imaginar otros mundos y sociedades es algo normal y hasta obligatorio, si nos referimos a géneros como la fantasía o la ciencia ficción. En esta última, de forma especial, se suele mirar al futuro, para situar las tramas en ambientes que planteen dilemas morales o filosóficos a nuestros protagonistas y, por extensión, para nosotros como lectores.

Por ello, encontrar obras de ficción que retraten sociedades utópicas, distópicas o ucrónicas no será nada extraño. Pero antes de meternos en faena, y con el fin de no pillar a nadie a contrapié, vamos a aclarar brevemente a qué nos referimos con estos tres términos. Comenzando por "utopía", esta palabra de raíz griega acuñada por Tomás Moro define aquella sociedad cuyo sistema político, legal y organizativo haya alcanzado un estado de perfección. Por su parte "distopía", vocablo también de origen helenístico, hace referencia a todo lo contrario, a un estado fallido, donde las desigualdades sociales o los problemas estructurales como la violencia o la delincuencia sean el pan de cada día. Ideada por el filósofo —también británico— John Stuart Mill, en el siglo XIX, es probablemente la más presente en las obras de ficción, por aquello de que en una sociedad en conflicto es donde más fácilmente surgen historias interesantes que contar. Por último, "ucronía" vendría a significar "el tiempo que no existió", y debemos su creación al francés Charles Renouvier, que imaginó un imperio romano en el que el cristianismo no se hubiese convertido en la religión del estado, generando con ello una línea histórica alternativa. Este reimaginar hechos históricos y sus consecuencias futuras ha dado lugar a obras de ciencia ficción —o ficción histórica— tremendamente interesantes, de las cuales *El hombre en el castillo*, de Philip K. Dick, sea probablemente la más famosa.

Una sociedad no tan perfecta

Las utopías, por definición, son aburridas. A no ser que estemos leyendo un tratado filosófico, no suele ser habitual que nos apetezca seguir las andanzas de un personaje en una sociedad en la que todo el mundo es feliz, ya que eso significa ausencia de conflictos y aventuras. Leer una novela como *Walden Dos*, de B.F.Skinner, puede ser interesante, pero cuando llevamos decenas de páginas en las que se nos narra cómo funciona una comuna en la que todo el mundo trabaja solo cuatro horas diarias, nos empezamos a oler que aquello, más que una novela, es un ensayo novelado en el que el autor nos lanza sus ideas a la cara.

Por ello, en las obras de ficción que retratan estados utópicos, lo habitual es que el interés esté en descubrir, a través de los personajes protagonistas, qué falla en la imagen, por dónde se va a descoser el tapiz perfecto que nos han presentado. Vamos, lo que vendría a ser una distopía disfrazada de utopía, pero no por ello menos válida como historia. Es el caso de *Los Inhumanos* (Cómics Forum, 1999-2000), en la que el guionista Paul Jenkins y el dibujante Jae Lee nos introducen en la aparentemente pacífica ciudad-estado de Attilan, para enseñarnos los entresijos de la sociedad inhumana.

Los protagonistas de esta historia fueron creados —como no— por Stan Lee y Jack Kirby en los años 60 para la colección de los *Cuatro Fantásticos*, y durante una década no pasaron de ser secundarios que aparecían y desaparecían en distintas series, sin tener cabecera propia. Sin embargo, el concepto lo hubiera merecido: los Inhumanos resultaban ser los descendientes de unos humanos primitivos, alterados

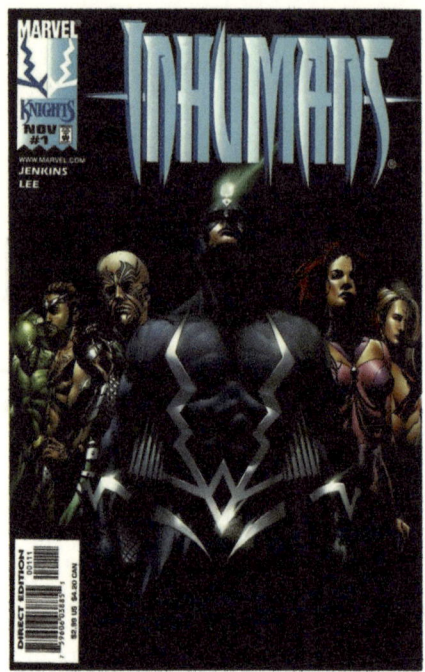

por los alienígenas kree usando unas nieblas (llamadas terrígenas) que les otorgan poderes espectaculares, así como un aspecto peculiar a cada individuo. Lee y Kirby no retrataban, claro, a toda la sociedad inhumana, sino solo a su familia real, formada por siete u ocho individuos (Rayo Negro, Medusa, Cristal, Karnak...).

Por eso, la serie de 12 entregas publicada en 1999 es tan interesante, ya que el guionista Paul Jenkins mueve el foco de los ya citados personajes a miembros anónimos de la sociedad, desde los adolescentes asustados por un rito de paso en el que no saben en qué se convertirán, hasta un humilde tatuador que representa —en apariencia— el último mono de un pueblo que convive en paz y armonía. Estas personas habitan, como ya hemos dicho, en la ciudad de Attilan, que ha tenido muchas y muy distintas localizaciones (como el Tíbet o la cara oculta de la

Luna) pero que en esta colección se halla sobre las ruinas de la antigua Atlantis, a la sazón situada junto a las costas de Gibraltar.

Los primeros episodios de la serie sirven a Jenkins y Lee para presentarnos a los personajes protagonistas, tanto la familia real como los adolescentes que tendrán que exponerse a las nieblas terrígenas y ser alterados para siempre, a cambio de ganar grandes poderes. La única mácula, la solitaria nota discordante de esta sociedad perfecta, parece ser Máximus, el mentalmente inestable hermano del rey Rayo Negro, encarcelado para evitar golpes de estado que ya intentase en el pasado. Pero apenas mediada la colección, descubriremos la verdad sobre el funcionamiento de Attilan: la felicidad de la ciudad se sostiene sobre el trabajo de los Alfa Primitivos, unos inhumanos sin poderes y de limitada inteligencia, cuyo trabajo y condición de esclavitud permite que el resto de la sociedad —que desconoce su existencia— pueda vivir cómodamente. No puedo dejar de ver aquí una referencia, consciente o no, al clásico del cine *Metrópolis,* donde se daba esta misma dicotomía.

Esta desigualdad social, lejos de ser un simple telón de fondo sobre el que plantear una historia de intrigas palaciegas, sirve a Jenkins y Lee para tejer una historia interesante donde conceptos como el clasismo o la pertenencia al grupo —sea este la sociedad o la familia—, vertebran un relato interesantísimo, que no deja fuera la política humana en la forma de las grandes potencias mundiales que están más que atentas a cómo aprovechar la posición estratégica de Attilan.

Otro ejemplo de esta utopía aparente la podemos ver en la ciudad perdida de Opak-re, magníficamente retratada en el número 17 de la serie *Planetary* (Norma Editorial, 1999-2009), obra del guionista Warren Ellis y del tristemente desaparecido artista John Cassaday. La colección abordaba en cada número distintos aspectos de la cultura popular del siglo XX, y este caso no era una excepción, ya que es fácil reconocer en Opak-re un trasunto de la Opar de las novelas del *Tarzán* de Edgar Rice Burroughs, y en el personaje de Lord Blackstock, una actualización del rey de los monos.

En el ya citado capítulo se nos narraba a modo de flashback como Elijah Snow, uno de los protagonistas de la serie, encontraba esta futurista urbe en el corazón del continente africano, pero para entrar en ella debe derrotar a una monstruosa serpiente guardián, cosa que no hubiera conseguido de no ser por la ayuda de Blackstock. La frase de este, que le dice que como hombres blancos forman parte de una minoría y deben apoyarse, nos da una primera pista de cómo va a funcionar la sociedad de Opak-re.

A través de los ojos de Snow nos adentramos en la ciudad, avanzada tanto espiritual como científica y tecnológicamente, pero lastrada por unos prejuicios raciales que aquí aparecen al revés de lo que estamos acostumbrados. Los dirigentes de Opak-re temen que admitir personas de piel blanca en su sociedad signifique la corrupción de esta, por lo que Snow y Blackstock serán expulsados, junto con los descendientes que hayan podido concebir con mujeres de la ciudad. En las páginas finales del capítulo, la urbe se sella y desaparece en el subsuelo, quedando fuera del alcance del exterior para siempre. Quizá Ellis nos quiere transmitir la idea de una sociedad utópica que ambiciona seguir siéndolo, pero que por las mismas razones se aisla y está condenada sin remedio al estancamiento y la endogamia.

Al inteligente guión de Ellis se suman en el caso de esta serie el maravilloso dibujo de Cassaday y el color de Laura Martin, que nos presentan una Opak-re de arquitectura futurista que sin embargo mantiene el colorido y la vistosidad que podríamos esperar en una cultura tribal africana.

Lo que la bomba nos dejó

Pasamos ya a las distopías, aquellos escenarios en los que casi todo lo que podía ir mal... ha ido mal. Como ya dije al principio de este artículo, distopías las hay a patadas en la ficción, así que solo vamos a hablar de unas pocas dentro del ámbito de la historieta. Y varias de ellas, especialmente en las décadas de los 70 y los 80 del pasado siglo, tenían el trasfondo de la guerra nuclear: un mundo futuro, destrozado a causa de las bombas atómicas.

Es el caso de *Vic & Blood* (Norma Editorial, 1989), obra del artista Richard Corben, en la que seguimos a un chaval de 14 años (Vic) que trata de sobrevivir en unos Estados Unidos que se han ido al carajo —como el resto del planeta— tras un conflicto nuclear de cinco días. Ciudades en ruinas, escasez de recursos, caníbales, mutantes... y un compañero de viaje (Blood) que es un perro con habilidades telepáticas, porque no todo va a ser malo en ese mundo.

El cómic adaptó tres relatos del novelista Harlan Ellison titulados "Rastrero", "Un muchacho y su perro" y "Corre, pequeño, corre", y mantiene en las viñetas el tono descarnado y directo del escritor, así como su habilidad para describirnos situaciones violentas y chocantes donde las decisiones posibles nunca son agradables. El arte de Corben y su manejo de la narrativa se adaptan de maravilla a la narración de Ellison, con viñetas grandes y contemplativas en el primer y último relato —que sirven, respectivamente, de prólogo y epílogo— y con una narración sostenida, contenida y efectiva en el segundo, que es donde está el meollo de la historia. La expresividad de los rostros, el uso del claroscuro y la claridad con la que Corben expone situaciones y secuencias, hacen de este cómic de apenas 70 páginas una pequeña joya de la narrativa gráfica postapocalíptica. Como brevísimo apunte personal, añadir que leí este tebeo siendo más joven que el propio protagonista, y que su crudeza y las situaciones que narraba me dejaron una recuerdo difícil de olvidar, hasta el punto de que cuando pienso en un futuro apocalíptico y posnuclear a mi cabeza siempre acude esta historieta, además de un par de mangas a los que me referiré a continuación.

Ni mucho menos tan oscuro como *Vic & Blood*, pero muy similar temáticamente, era la serie *Kamandi: El último chico de la tierra* (Editorial Novaro, 1974), del maestro Jack Kirby. La colección surgió cuando a Carmine Infantino, editor de DC, se le ocurrió aprovechar el tirón de la franquicia cinematográfica *El Planeta de los Simios*, que ya por aquel entonces llevaba cuatro películas estrenadas, y pidió a Kirby una serie con un trasfondo que pudiese sonar parecido a los lectores. Kirby, que después de crear a casi todos los personajes clave de Marvel había recalado en la editorial DC dos

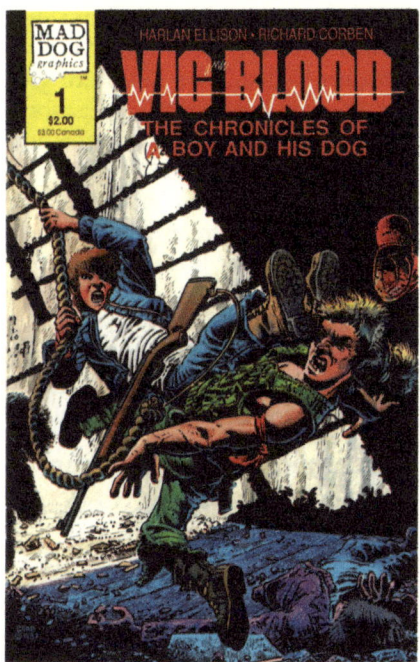

ros que llegó a nuestro país, tanto en forma de película como de historieta, fue *El puño de la Estrella del Norte* (Planeta de Agostini, 1992), una serie con guión de Buronson (alias de Okamura Yoshiyuki) y dibujo de Hara Tetsuo. La trama nos sitúa en un futuro desolado tras una Tercera Guerra Mundial, en el que prima la ley del más fuerte y recursos como el agua son los más escasos y apreciados. La mayor parte de los ciudadanos están a merced del primer matón que se les cruce, y esto solo cambiará cuando Kenshirô, el hombre conocido como "el puño de la Estrella Del Norte", heredero del arte marcial más poderosa jamás conocida, comience a luchar por ellos.

Es esta una obra que ha servido para inspirar a *mangakas* posteriores pero que también bebe de otros ejemplos de este género. Quizá estemos hablando, con Kenshirô, del primer protagonista de un manga *shonen* moderno junto con Goku, y modelo de innumerables personajes posteriores. Por otra parte, Buronson nunca ha negado que su principal inspiración para la creación del manga fue —aparte de las pelis de Bruce Lee— la segunda entrega de la saga cinematográfica *Mad Max*, distopía futurista de acción donde las haya.

Otro manga distópico donde la catástrofe atómica es fundamental —de hecho su adaptación fílmica empieza y termina con una gran explosión— es *Akira* (Ediciones B, 1990-97), la obra maestra de Katsuhiro Otomo. Ambientada en una Neo Tokio posnuclear, es fácil dejarnos atrapar visualmente por ese futuro de torres de cristal, tecnología avanzada, anuncios holográficos o vehículos voladores... hasta que empezamos a ver que Otomo ha escondido debajo de la alfombra toda una reali-

años antes, aceptó el reto, dando vida a un adolescente que sobrevive como el último ser humano inteligente en este mundo destruido hace siglos por la guerra nuclear, y donde los monstruos radioactivos campan a sus anchas por entre las ruinas de la civilización humana. Sin ser la serie más popular de la editorial, el personaje fue ganando miles de fieles seguidores que, gracias a los nuevos conceptos con los que Kirby iba construyendo un mundo que no dejaba de tener saborcillo a ciencia ficción clásica, se fueron enamorando de las aventuras de este último humano de una futura tierra distópica.

Aunque desde luego, por su historia, los que tienen una relación más estrecha —y un miedo cultural bastante lógico— al desastre nuclear son los japoneses. Son muchos los animes y mangas que se sitúan en un escenario postapocalíptico que tiene que ver con la guerra atómica, y uno de los prime-

dad corrupta que nos resulta evidente a poco que la trama avanza. Un estado policial, manifestaciones violentas, corrupción política y burocrática, calles dominadas por pandillas de delicuentes y llenas de pobreza o sectas religiosas que radicalizan a sus fieles representan la verdad imperfecta que se esconde detrás de esta aparente utopía posmoderna. El autor japonés que creó *Akira* nunca ha ocultado sus inquietudes políticas, y aquí utiliza el trasfondo de la obra para poner en cuestión si una sociedad basada únicamente en el desarrollo económico, la tecnología y la ciencia puede ser funcional o sí, por contra, dará lugar a una deshumanización progresiva, donde los ciudadanos vayan acumulando la tensión, los problemas psicológicos y las frustraciones hasta que todo estalle y la ilusión de la civilización se desvanezca.

Por otra parte, la trama se centra en los peligros de la carrera armamentística, en este caso en forma de experimentación con humanos, niños con aspecto de ancianos que tienen terribles poderes psíquicos. Cuando uno de estos conejillos de indias se encuentre con la banda de moteros a la que pertenecen Kaneda y Tetsuo, los protagonistas del manga, será cuando la historia del manga comience y Neo Tokio se enfrente a un nuevo cataclismo. Otomo nos introduce de esta forma en un manga de acción y espionaje donde todos —desde los políticos hasta los grupos terroristas, pasando por el ejército— saben quién es quién y qué está pasando, menos los lectores y los propios protagonistas. Poco a poco iremos viendo a Tetsuo acumular más poder, pero no más juicio para usarlo, e iremos descubriendo el secreto de quién es Akira.

Pero más allá de su historia, este manga nos atrae por el poderoso y detalladísimo dibujo de Katsuhiro Otomo, que consigue tenernos pegados al papel página tras página, con unas maravillosas secuencias de acción y una narrativa siempre ágil, incluso cuando los personajes se mueven en espacios cerrados. También logra, y aquí es probable que influya mucho su formación como arquitecto, convertir la ciudad de Neo Tokio en un personaje más, y que como estos últimos va cambiando y evolucionando a lo largo de la historia.

Estas máquinas se nos han ido de las manos

Además de las obras en las que este futuro distópico ha sido causado por un gran cataclismo, ya sea natural o nuclear, es muy común esa variante en la que podemos ver una sociedad fagocitada por la tecnología que sobrevive bajo el yugo de un estado policial hipercapitalista, un futuro *cyberpunk* donde la máquina es al mismo tiempo herramienta imprescindible y amenaza más o menos latente. Es también una de las distopías más comunes en el cine, con títulos tan reconocibles como *Blade Runner*, *Terminator* o *Matrix*.

Si *Akira* dio inicio al género cyberpunk en los cómics, podemos decir que en la literatura existía desde décadas antes, con algunas novelas como *¿Sueñan los androides con ovejas eléctricas?*, de Philip K. Dick, o *Neuromante*, de William Gibson, que nos introducen en sociedades altamente tecnificadas, en las que hay humanos sintéticos y modificaciones corporales extremas, con lo que el concepto de humanidad empieza a ser discutible en su acepción habitual.

Sobre qué nos hace ser humanos versa en gran parte el manga *The Ghost in the Shell* (Planeta de Agostini, 1993-94), obra de Shirow Masamune, que nos sitúa en un año 2029 en el que es algo cotidiano que las personas tengan cibercerebros y que puedan conectar su red neuronal a internet. En ese futuro también es habitual que puedan añadir alguna prótesis a su cuerpo para mejorar su capacidades, convirtiéndose en cyborgs, o usar una prótesis de cuerpo completo en la que lo único que queda de humano es la médula espinal y el cerebro, como es el caso de la protagonista del manga, la mayor Makoto Kusanagi. Por tanto y dado que todo lo demás es reemplazable, lo único que distingue al ser humano de la máquina es su "ghost", su espíritu o alma, pero en esta distopía tecnológica ni eso está salvo, ya que si una persona está conectada a la red, su "ghost" puede ser hackeado y que otra persona tome el control de su cerebro. Al mismo tiempo, como en la ya citada *Blade Runner*, la inteligencia artificial y la robótica han llegado a tal punto de desarrollo que es casi imposible diferenciar entre un humano y un robot humanoide equipado con inteligencia artificial.

La obra narra precisamente la lucha contra los crímenes derivados de esta excesiva tecnificación de la sociedad por parte de la Sección 9, un grupo policial especial comandado por la mayor Makoto Kusanagi. Además del trasfondo cyberpunk y filosófico, el manga nos ofrece ocho historias autoconclusivas de corte policiaco, con ciertos momentos de comedia, y con un antagonista común —el Titiritero— que por supuesto tiene mucho que ver con la tecnología. El dibujo de Shirow Masamune está inspirado en gran parte por el de Otomo, pero tiene personalidad propia, y se nota que el autor disfruta especialmente en el diseño de entornos, armas y artefactos de estética futurista.

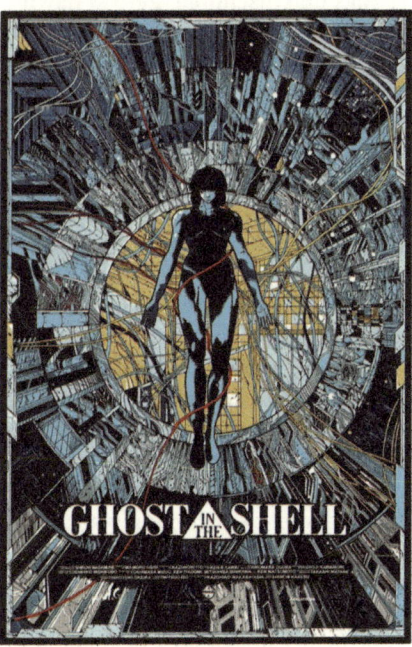

Dentro también de esta variante cyberpunk y dibujando un futuro tan cercano que se nos hace incómodo por lo creíble que nos resulta —¿alguien ha dicho *Black Mirror*?—, tenemos la serie *Transmetropolitan* (Norma Editorial, 1998-2003), obra del guionista Warren Ellis y el dibujante Darick Robertson. A lo largo de sus 60 entregas, la colección nos introduce en un futuro donde el avance tecnológico ha mejorado la vida de los ciudadanos, ha aumentado la esperanza de vida y ha creado incontables variantes de la especie humana. Pero al mismo ritmo han aumentado la pobreza, las desigualdades, la corrupción política, los conflictos religiosos y las tensiones sociales.

Los autores nos muestran una sociedad en la que algunas personas cambian su físico para parecerse a los aliens, conformando una nueva religión que desemboca en la creación de un gueto; otras personas eligen convertirse en *foglets*, nubes de información, para lo cual tienen que pasar por un proceso en el cual su cuerpo físico es destruido; otras, que añoran épocas pasadas de la humanidad, optan por introducirse en reservas naturales donde viven como en la prehistoria o en el medievo, sin avances tecnológicos pero también sin comodidades ni medicinas. Esos son los que tienen elección, porque en el mundo de *Transmetropolitan* la desigualdad social es una constante, y muchas personas viven en la pobreza más absoluta. Un ejemplo llamativo son aquellos que cientos de años antes se criogenizaron para poder ser revividos en el futuro, y que ahora, por el encarecimiento progresivo de la vida, se encuentran resucitados en un futuro en el que no pueden pagarse ni un café.

Como protagonista de esta historia no tenemos a un pandillero, un policía u otro héroe de acción similar, sino a un periodista. Alguien que frente a todas estas situaciones, es capaz de alzar la voz y denunciar en voz alta las desigualdades del mundo en el que vive. Este es Spider Jerusalem, un personaje ácido, iconoclasta, deslenguado, drogadicto, insobornable y basado —no por casualidad— en el periodista *gonzo* Hunter S. Thompson. Desde su cínica columna de opinión el periódico *The Word*, Jerusalem evidencia injusticias, destapa escándalos y pone contra las cuerdas los tejemanejes de los más poderosos. El novedoso hecho de tener a la prensa como el eje de la acción permite a Ellis usar la trama como un herramienta en la que el futuro le sirve para explorar la sociedad del presente, realizando una descarnada crítica de todos aquellos contextos de corrupción, desigualdad y fanatismo que si hoy son dañinos, pueden imaginarse peores con el paso del tiempo.

En la parte gráfica, el dibujo de Robertson le viene que ni pintado al guión de Ellis, pues su representación sucia y atestada de este futuro incómodo se combina con la expresividad de sus personajes, tanto de su genial protagonista como de sus muchos e interesantes secundarios.

Elige, opresor o terrorista

Tanto *Akira*, como *The Ghost in the Shell* y por supuesto *Transmetropolitan* son —como buenas obras cyberpunk— distopías políticas, ya que partimos de escenarios en los que el estado espía y manipula de forma constante a sus ciudadanos, cuya libertad de acción es más que discutible. Pero si hay una distopía política por excelencia, esa es *V de Vendetta* (Ediciones Zinco, 1989), obra del guionista Alan Moore y el dibujante David Lloyd. Aunque hoy se vende como novela gráfica —término del que el propio Moore se ha quejado abiertamente— su publicación en diez entregas comenzó en Reino Unido, pero no terminaría hasta años después en Norteamérica. Este tortuoso historial editorial se vincula con la biografía de Moore, pues él mismo abandonó las islas británicas en esos años harto de vivir en lo que consideraba una distopía en el presente: el gobierno de la primera ministra Margaret Thatcher. El descontento del guionista hacia el gobierno de su país lo lleva cada vez más cerca del mensaje revolucionario y anarquista que propugna V, el protagonista de este cómic, y el guión le sirve para criticar la radicalización de los políticos y de la sociedad conservadora en la que vivía.

V de Vendetta nos muestra un futuro cercano —ambientado en ¡1997!— donde la corrupción ha alcanzado sus niveles máximos, donde un estado fascista pervive a través del miedo y donde cualquier muestra de cultura y pensamiento libre se persigue hasta la extenuación. En ese distópico escenario, el único adalid de la libertad resulta ser V, un asesino y un terrorista, cuyos métodos pueden resultarnos extremos pero cuya misión, mientras leemos el cómic, puede parecernos adecuada y justa frente a las circunstancias expuestas. Como Evey —personaje al que V salva de ser violada y asesinada—, pasamos por una especie de síndrome de Estocolmo cuando dejamos de odiar a V y comenzamos a plantearnos lo necesario de sus acciones.

Terroristas eran también considerados los mutantes que luchaban contra el estado policial de los Centinelas en *La Patrulla X: Días del futuro pasado*

(Comics Forum, 1981), una historia desarrollada en los números 141 y 142 de la colección de los alumnos de Charles Xavier y en la que Chris Claremont y John Byrne imaginaban un futuro en el que los mutantes eran recluidos en campos de concentración. La portada con una Kitty Pryde adulta y un Lobezno viejuno acorralados frente al muro donde cuelga un cartel con todos los personajes protagonistas, presos o asesinados en esa realidad, sigue siendo mítica.

Lo que pudo ser y por suerte no fue

Las ucronías, a diferencia de las distopías, no siempre nos muestran una realidad peor que aquella en la que vivimos sino que parten de un hecho histórico ampliamente conocido para, a partir de él, desviarse en un mundo alternativo que puede ser más luminoso o más oscuro que el nuestro, aunque la segunda opción sea en general la más común.

En el famosísimo cómic *Watchmen* (Ediciones Zinco, 1987), Alan Moore y Dave Gibbons eligen como *punto Jonbar* —pues así se le llama al momento en que la ucronía se desvía de la historia— la aparición del Dr. Manhattan, el primer superhéroe de este universo que, como proverbial bola de nieve, provocará una serie de acontecimientos que modelarán el futuro de esta realidad: la victoria estadounidense en la guerra de Vietnam, cinco mandatos consecutivos del presidente Richard Nixon, un desarrollo distinto de la Guerra Fría y por supuesto la aparición de otros muchos superhéroes. Superhéroes que, como El Comediante, también van a tener un papel primordial en acontecimientos históricos como la muerte de J.F. Kennedy o el asesinato de los periodistas del Watergate, actuando siempre en favor de unos servicios secretos que escoran la política norteamericana cada vez más y más hacia la extrema derecha. ¿Es casualidad que Philip K. Dick dijese en un famoso discurso que hizo en la Universidad de Metz que había entrevisto una realidad paralela en la que Nixon había alcanzado su tercera victoria presidencial? No sé si Moore conocía este dato, pero desde luego es prueba de que las grandes mentes piensan igual.

Por supuesto la trama de *Watchmen* está centrada en los superhéroes y como estos resultan figuras falibles, ídolos con pies de barro en contraste con la visión que los tebeos de las grandes editoriales daban —y siguen dando en su mayor parte— a los lectores de cómic *mainstream*. Pero esta trama no tendría sentido si esos héroes retirados no vivieran en unos Estados Unidos más empobrecidos y violentos, continuamente tensos por la posibilidad de un holocausto nuclear que se percibe cada vez más cercano y real. De hecho la imagen del *Doomsday Clock* (el Reloj del Juicio Final) con sus manecillas a pocos minutos de marcar la medianoche, es una de las repetidas en un tebeo atestado de elementos simbólicos.

Además de las ucronías históricas como *Watchmen*, hay otras que son metanarrativas, pues suponen crear una realidad alternativa no a partir de hechos del pasado de la humanidad, sino desde un cambio en un punto concreto de una historia muy conocida, y por tanto fundamental en la cultura popular. Aunque los experimentos más antiguos en este campo sean algunas novelas del genial Philip José Farmer, la primera obra de este tipo que yo recuerdo haber leído es *La Era de*

Drácula, una novela de Kim Newman en la que el conde transilvano vence a Van Helsing y sus aliados, vampiriza a Mina Harker y a la reina Victoria, y se convierte en príncipe consorte al casarse con esta última. Esto genera un Imperio británico cuyos dirigentes se convierten masivamente en no-muertos, mientras que entre los aristócratas se pone de moda pasarse al bando de los chupasangres. En las siguientes entregas de la saga, Newman explora un siglo XX que difiere del nuestro en muchos aspectos y donde personajes históricos y literarios se mezclan sin problema, pero siempre tomando como punto de divergencia el momento antes citado de la novela de Bram Stoker.

En el ámbito del cómic, la creación de esta ucronía metanarrativa exige que el lector sea consciente de la historia canónica narrada en las historietas, con lo que esto puede hacerse solo con algunos personajes cuyos orígenes o vivencias estén claramente establecidas para el público general. Es el caso de Superman, la creación de Jerry Siegel y Joe Schuster, cuya biografía es más o menos conocida para todo aquel que se haya acercado a los cómics o películas del personaje. Aprovechando esto, en *Superman: Hijo Rojo* (Planeta de Agostini, 2003), el guionista Mark Millar y el dibujante Dave Johnson, respondían a la pregunta de qué hubiera sucedido si la nave que traía a Kal-El a nuestro planeta, en lugar de haberse estrellado en las praderas de Kansas, hubiese caído en otro lado; en concreto, en la fría y soviética estepa siberiana. Se iniciaba así una serie de acontecimientos que continuaban con la adopción del alien adolescente por el mismo Stalin, y culminaba su planteamiento con la asunción por parte de Superman tanto de su labor superhe-

roica como de la dirección del partido soviético y de la propia URSS.

Con la Guerra Fría estancada, como en el caso de Watchmen, por la llegada de los superhumanos, Estados Unidos se va empobreciendo y aislando a medida que la política mundial se va escorando del lado del bloque soviético, en el que Superman construye una sociedad que él cree perfecta y justa pero que terminará descubriendo como una distopía totalitaria. Los aficionados a los superhéroes disfrutarán además los cambios de rol del resto de personajes de la editorial —Lois casada con Luthor, Batman convertido en terrorista, Jimmy Olsen como agente del gobierno...— así como un final que le da la vuelta al calcetín para sorprender al lector.

No era la primera vez que se reimaginaba la situación de que el aterrizaje de la nave del último kryptoniano fuera distinto, porque años antes el gran dibujante británico Alan Davis había creado la miniserie JLA: El clavo (Norma Editorial, 2002), en la que el coche del matrimonio Kent sufría un pinchazo camino de Smallville, con lo que nunca recogían al pequeño Kal-El y toda la historia del universo de los superhéroes de DC resultaba alterada. Al no existir Superman, los metahumanos son vistos con desconfianza, la Liga de la Justicia pierde a varios de sus miembros cuando se enfrenta a varios criminales con poderes que se saben impunes, y todo esto en un clima de extremismo político que lleva a Lex Luthor a la misma Casablanca.

Podríamos pensar, al hilo de lo expuesto, que cualquier *Elseworlds* o *What If...* —historias alternativas de los superhéroes de DC y Marvel, respectivamente— pueden calificarse como ucronías, pero no es así. No basta con ubicar a Batman en la era victoriana (*Batman: Luz de gas*) o a Spiderman en los años 30 (*Spiderman: Noir*) para tener una ucronía, si no partimos de una historia "oficial" y buscamos un punto claro de desvío, como en los cómics de Superman anteriormente citados.

Quizá lo importante, elijamos utopía, distopía o ucronía —y hay donde elegir— sea reflexionar sobre cómo estas obras reflejan nuestra propia realidad y, sobre todo y ante todo, disfrutar de su lectura.

Escritor.
Profesor de cómic, diseño y dibujo.

Hablo de cómics cada 15 días en el podcast La Casa del Acantilado.

AZUL DE PRUSIA

— TURQUESA

— ULTRAMAR

AZUL.

AZUL DE PRUSIA

Escrito y dibujado por Juan Carlos Villacampa

Técnicas: acuarelas, tinta ferrogálica oxidada, pastel, acrílico, oxido...

Dedicado a todos los que dan color a la vida y al pintor Zoran Music.

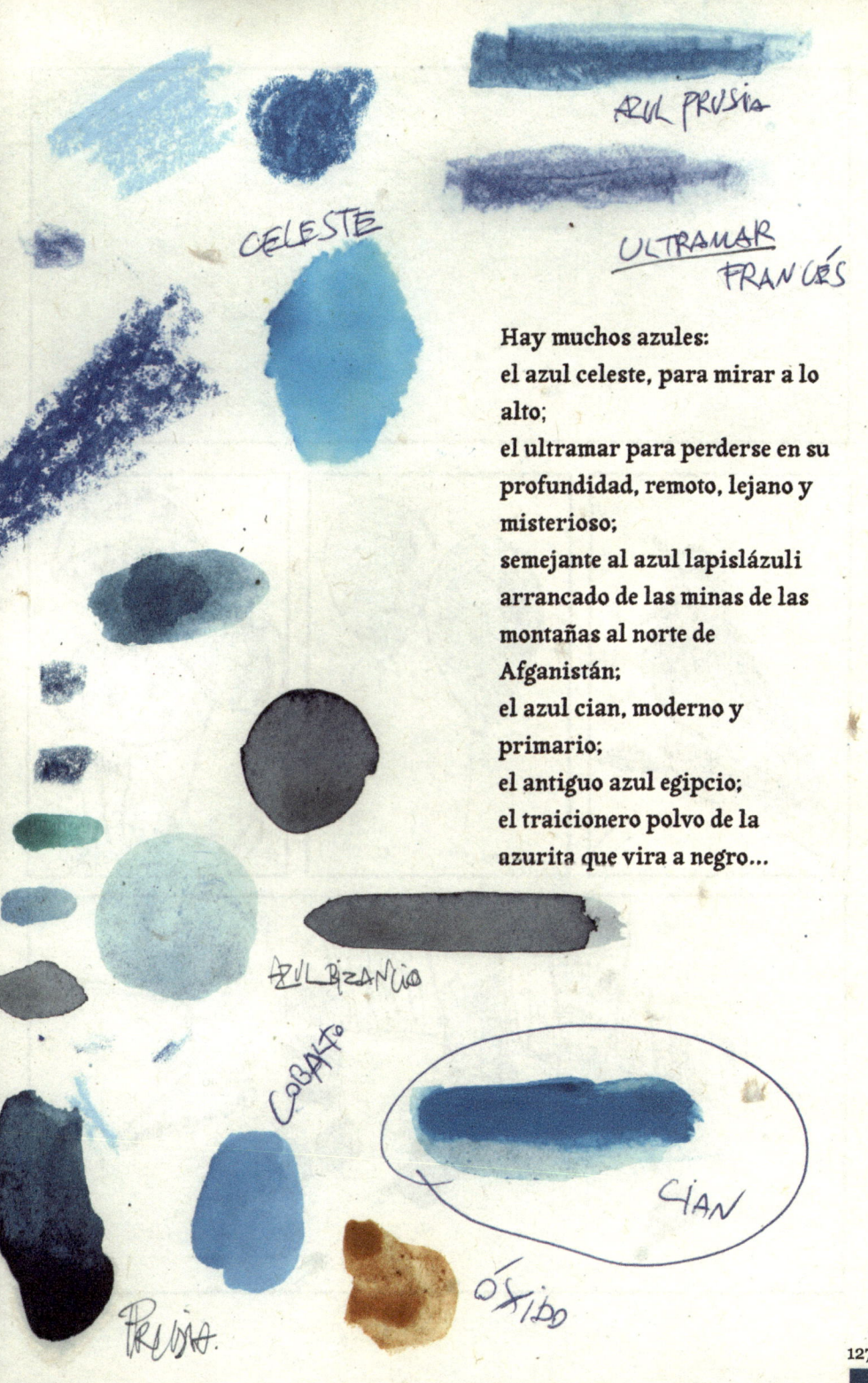

AZUL PRUSIA

CELESTE

ULTRAMAR FRANCÉS

Hay muchos azules:
el azul celeste, para mirar a lo alto;
el ultramar para perderse en su profundidad, remoto, lejano y misterioso;
semejante al azul lapislázuli arrancado de las minas de las montañas al norte de Afganistán;
el azul cian, moderno y primario;
el antiguo azul egipcio;
el traicionero polvo de la azurita que vira a negro...

AZUL BIZANCIO

COBALTO

CIAN

ÓXIDO

PRUSIA.

... el azul añil extraído de los jugos de la planta tintorera, el bueno de azul de metileno para curar heridas y antídoto del cianuro y el azul de Prusia.

El azul Prusia se descubrió a principios del siglo XVIII, cuando la incipiente química era pura alquimia.

Buscaban un rojo químico que abaratase el proceso del carmín, tan caro. Mezclaron cianuro de potasio con sal férrica y a falta de cenizas para catalizarlo echaron aceite de Dippel * y cosas de la química, el resultado fue azul.

Un azul barato y versátil que utilizarían los prusianos para teñir sus casacas guerreras, ese azul de príncipe azul.

✱ También conocido como aceite de hueso, descubierto por el químico Johann Conrad Dippel, que nació en 1673, en el Castillo de Frankenstein, por ello se le imputa haber inspirado los experimentos recogidos por Mary Shelley en el XIX en su obra Frankenstein.

También se utilizó en los campos de concentración nazis, ya que el azul de Prusia se convertía en ácido prúsico, que mezclado con diversas tierras se utilizó como veneno y desinfectante, se comercializó como Zyklon B . Al abrir las latas que lo contenían, en contacto con el aire, expulsa su veneno mortal.

Visité el campo de Treblinka para averiguar cómo llevaron a cabo su exterminio

Relató en su declaración jurada el comandante del campo de concentración y exterminio de Auschwitz, Rudolf Höss.

Si un humano lo ingiere, se absorbe rápidamente, se une irreversiblemente al átomo de hierro en la hemoglobina y evita que la sangre transporte oxígeno a las células y tejidos del cuerpo.

Los usos incluyeron el despioje de ropa y la fumigación de barcos, almacenes y

El comandante del grupo me dijo que había liquidado ochenta mil en el transcurso de medio año. Estaba principalmente interesado en liquidar a todos los judíos del gueto de Varsovia.

Palpitaciones, dolor de cabeza y somnolencia, son seguidos de convulsiones y muerte por asfixia. Y a veces queda un ligero olor a almendras.

Así que en Auschwitz usé Zyklon B, que era un ácido prúsico cristalizado que se dejaba caer en la cámara de la muerte.

Tardó de tres a quince minutos en matar a las personas en la cámara, según las condiciones atmosféricas. Sabíamos que la gente estaba muerta cuando cesaban los gritos.

Hay muchos azules. Es el color preferido para la mayoría de la humanidad. Tiñe el mar, pinta el cielo, nos da frescor, libertad y amplitud.

mayo 2025

De Comala a Macondo
Y CÁDIZ

DISCURSOS

LEIDO EN LA

REAL ACADEMIA HISPANO AMERICANA DE CIENCIAS, ARTES Y LETRAS

PARA LA RECEPCIÓN PÚBLICA

DEL ACADEMICO ELECTO

D. FERNANDO IWASAKI

EL DÍA 18 DE FEBRERO DE 2025

TOLEDO – 2025
LIBERÍA HOJABLANCA
Martin Gamero, 6

Cosas que hacemos con la lengua

Del lexema productivo gaditano al morfema reproductivo peruano

POR FERNANDO IWASAKI
ILUSTRACIÓN DIVERGENTE[84]

Excmo. Sr. Director de la Real Academia Hispanoamericana

Excmas. e Ilmas. Autoridades

Excmos e Ilmos. Sras. y Sres. Académicos

Señoras y Señores

Preocupado por el abismo que separaba el lenguaje de uso epistemológico del lenguaje de uso popular, el filósofo Ludwig Wittgenstein llevó a cabo un examen riguroso del lenguaje ordinario con la finalidad de dilucidar un modelo científico sobre la actividad significante del lenguaje común, procurando evitar el más mínimo exceso metafísico, más allá de lo que podría expresarse hablando, pues a Wittgenstein le interesaba derribar el muro que dividía los discursos de la especialización de las narrativas del intercambio masificado. Hasta ese momento, la lingüística se había desentendido de los bordes más periféricos y marginales del habla popular, ya que Charles Bally —el dilecto discípulo de Ferdinand de Saussure— dejó fuera del objeto de la lingüística las creaciones del habla popular y sobre todo las del habla individual, porque las consideraba efímeras, pintorescas y no extrapolables al estudio riguroso de un idioma. No obstante, gracias al modelo de Wittgenstein, Michel de Certeau reivindicó el habla popular en sus estudios sobre lo cotidiano, donde incluyó la conversación callejera —la «prosa del mundo», como la llamó Merleau-Ponty— dentro de la proliferación diseminada de creaciones anónimas y perecederas que no cotizan en las bolsas técnicas y académicas, porque su naturaleza es la antidisciplina. Michel de Certeau reparó en que el especialista asume también el papel de intérprete o traductor de sus investigaciones, desde la lengua técnica hacia la lengua común, en una curiosa operación que supone convertir la competencia en autoridad, cuando, en realidad, a mayor autoridad menos competencia. Por eso la sobreproducción de lenguaje científico —esa maleza epistemológica constelada de «ismos»— entraña su propia devaluación, constriñe a sus usuarios en un gueto casi esotérico y corrobora la séptima tesis del *Tractatus logico-philosophicus* de Wittgenstein: "Wovon man nicht sprechen kann, darüber mußman schweigen", que en la norma de Puerta Tierra hacia dentro podríamos traducir como: "Si vas a decirlo malamente; mejor te callas, pisha".

Llegados a este punto, y después de citar a Merleau-Ponty, Ferdinand de Saussure, Charles Bally, Michael de Certeau y sobre todo a Ludwig Wittgenstein, considero que he colmado la expectativa hermenéutica que nuestra docta corporación exige, y así procedo a compartir con ustedes la verdadera almendra de mi exposición: el habla popular, el lenguaje de la calle, las expresiones que atesoran las familias, los juegos de palabras y las reglas de esos juegos, que suponen el humor, lo absurdo y la irreverencia.

Soy un enamorado del habla, pero como no soy lingüista, me propongo reflexionar en alta voz acerca de algunas certezas y perplejidades que me rondan como hablante y artesano del lenguaje. Me haría ilusión hacer hincapié en que me refiero a la lengua española, pero no sería del todo exacto, pues cada uno de mis cuatro abuelos provenía de un idioma distinto. Por otro lado, mi fascinación por el habla ha crecido de forma exponencial desde que formé mi propia familia, pues las diferencias entre mi habla limeña y el habla andaluza de mi esposa y mis hijas me interesan tanto como las similitudes entre el japonés de mi padre y el alemán de mi nieto. ¿Por qué en español carecemos de sustantivos para nombrar ciertas emociones o conceptos que sí tienen una palabra específica en tales idiomas? En japonés existe un sustantivo que define la emoción que nos embarga a los padres (y también a los abuelos) cuando los hijos pequeños nos devuelven la mirada —*iyasareru*— y que podríamos traducir como «tu ternura me sana». Por otro lado, en alemán disponemos de un concepto más rotundo que patria y que nos concierne a quienes pertenecemos a familias trashumantes: *wahlheimat,* que significa la «patria elegida» o el «hogar elegido».

Sin embargo, me resulta divertidísimo corroborar cómo españoles e hispanoamericanos compartimos el mismo imaginario, aunque cada comunidad de hablantes tenga una palabra propia para definir esos rasgos exclusivamente nuestros. Por ejemplo, para nombrar aquello que es cursi y al mismo tiempo afectado, pretencioso, ridículo y sentimental. O sea, «hortera», «huachafo», «pavoso», «cheo», «siútico», «naco», «lobo», «grasa», etc. Sólo un hispanohablante es capaz de establecer las conexiones estéticas y emocionales correctas con lo postizo y lo rechinante, porque disponemos de palabras que realizan esa conexión. Ni el *cafone* italiano, ni el *tacky* anglosajón, ni el *kitsch* alemán, ni el *ringard* francés definen en toda su extensión la horterada hispánica, la única que consiente de forma simultánea el pudor, la autoestima y el regodeo. Cuando Colón descubrió América no existían horteras en el Nuevo Mundo, pero los indios que recibieron al almirante en la playa de Guanahaní regresaron horterísimos a sus aldeas, alicatados de abalorios, bisutería y espejitos. Desde entonces, el mundo es más hortera gracias a nosotros: los hispanohablantes.

Por otro lado, ¿no es curioso que sólo la lengua española sea tan pródiga en sustantivos que expliquen por qué ciertos individuos mediocres e incompetentes consiguen puestos, regalías o prebendas sin atesorar ningún mérito, virtud o talento? Así, en ambas orillas del idioma decimos fulanito tiene «gancho», «llave», «vara», «cuña», «palanca», «pituto», «rosca», «manija», «enchufe» o cualquier artilugio que nos recuerde por qué Arquímedes debería ser hispanohablante honorario ("Dadme una palanca lo suficientemente larga y un punto de apoyo para colocarla, y moveré el mundo").

No hay otro lugar del planeta hispanohablante más apropiado que Cádiz, ni mejor momento que el presente para tratar estos asuntos, pues el último Congreso Internacional de la Lengua Española entronizó a Cádiz como el laboratorio más risueño del idioma, y porque ahora mismo los cuartos de final del Concurso Oficial de Agrupaciones Carnavalescas, perfuman a Cádiz del regocijo suficiente y necesario para hablarles del lexema productivo gaditano por excelencia y del morfema reproductivo peruano más promiscuo. A saber, pisha y huevo, respectivamente.

Por supuesto, evitaré incurrir en la contradicción advertida por Wittgenstein y Michel de Certeau, pues nunca se me ocurriría convertir mi competencia como hablante hispanoamericano en autoridad en el habla gaditana, pues ni soy lingüista ni he nacido en Cádiz. Sin embargo, aunque no tenga autoridad para hablar de pisha, ...alguna competencia tengo en la materia.

No voy a repetir lo que sabemos de su etimología andalusí ni de su vis onomatopéyica *biss*. Tampoco merece la pena recrearse en la pobre entrada que desde 1985 le concede el *Diccionario de la Real Academia Española*, calificándola de voz malsonante y reduciendo su campo semántico al campo «seméntico», cuando pisha es un vocativo cariñoso, querendón y cómplice, que por metonimia significa colega, compadre, socio, camarada y todas las acepciones que supongan la amistad. La metonimia de pisha es una figura retórica tan entrañable y personal, que no consiente la sinécdoque que podría convertirla en sustantivo colectivo, pues nadie se referiría a un grupo masculino como «pishas», a no ser que una pandilla de amigos íntimos lo use desde la primera persona del plural, como la chirigota «Los pishas de Cái».

«Los pishas de Cái», qué verdad más verdadera. La voz pisha es tan gaditana, que en los labios de un forastero siempre sonará fingida, impostada o aprendida, ya la diga un guiri, un beduino, un sudamericano, una bailaora japonesa o cualquiera de Jerez. En *El lenguaje y la vida*, Charles Bally afirmó que las particularidades lingüísticas pasan desapercibidas para los hablantes que las emplean todos los días, aunque sorprenden a los extranjeros que las comparan con otros usos u otras lenguas. No obstante, la excepción a esta regla es el habla de Cádiz, porque el gaditano sí es consciente de su particularidad y siempre se da cuenta de cuándo un forastero pretende hablar como gaditano, pues los forasteros mezclamos churras con pishas.

Es el caso de la entonación, porque una misma frase acompañada del vocativo pisha, puede significar cosas completamente diferentes. Tómese el caso del sintagma: «No vea, [coma] pisha», que lo mismo connota asombro («¡No vea, pisha!»); enfado («No vea, pisha») o complicidad («No vea, pisha»). ¿Cómo podría un alemán o un coreano descifrar la expresión? De entrada, la Inteligencia Artificial de los principales traductores digitales traduce la frase al inglés como *Don't look, dick!*; alarma del todo engañosa, porque no queda claro si hay que llamar a los bomberos o al urólogo. Pero la expresión se complica todavía más, cuando se le agrega una segunda negación. Por ejemplo: «No vea, ¿no, pisha?».

Todos sabemos que el nivel más alto de complejidad del habla de Cádiz es el sintagma de negación expletiva «no ni ná», porque el refuerzo enfático provoca una pirueta semántica que convierte la expresión en una afirmación intensificada o —por decirlo de forma inclusiva— en una negación *trans*. «No ni ná» es de C2 de gaditano, aunque para aprobar el C1 hay que dilucidar primero el sintagma «No vea, ¿no, pisha?». Por eso sometí a chatGPT a un ímprobo y descarado acoso textual, hasta sonsacarle 8 traducciones al inglés, 4 al alemán y 1 al japonés de «No vea, ¿no, pisha?». Por cierto, me encanta cómo suena en la lengua de mis ancestros: *Wakaranaideshou, Dikku?* (wakará nái, ¿deshó, díkku?). Gracias a la intensidad de mis pesquisas, chatGPT se ha impregnado tanto del habla de Cádiz, que ahora se identifica como «pisháGPT».

Sin embargo, tampoco es fácil para un hispanohablante ultramarino comprender la expresión «No vea, pisha», porque lo primero que uno piensa es que estamos ante un tratamiento de respeto, porque se habla de «usted», como quien se dirige a un juez o un arzobispo: «No vea, señoría»; «No vea, eminencia»; «No vea, pisha». El castellano de América propende al «usted», y basta con que uno ignore que la fonética gaditana supone la debilitación de la /s/ en coda silábica —«no vea» en lugar de «no veas»— para que pisha se convierta en sujeto de respeto, prestigio y admiración para el hablante hispanoamericano.

Por otro lado, en el habla de Cádiz se cumple lo que Wittgenstein denominó como el «desborde» del lenguaje desde el interior, pues los límites del habla popular no son ni técnicos ni académicos, porque su naturaleza —recordémoslo— es la antidisciplina. En consecuencia, mientras el académico debe guardar silencio ante lo que no puede decir, el hablante popular puede hacer uso y abuso del disparate; tiene licencia para caminar por el alambre del absurdo, e incluso puede enunciar la existencia de lo que no existe. Por ejemplo, la pisha del piojo. Una microscópica unidad de medida gaditana que no podría ser impugnada ni por el más eminente de los entomólogos, pues su magnitud no se mensura por lo que tiene, sino por lo que le falta.

Por último, a diferencia de sus equivalentes hispanoamericanos, la pisha gaditana produce, pero no se reproduce. Es decir, que su lexema es polisémico sin necesidad de reproducirse en morfemas, como sí sucede con sus equivalentes del otro lado del Charco. Es el caso del cubanismo «pinga», cuyo lexema ha engendrado una constelación de morfemas que excita y encalabrina a los adictos y obsesionados en ... la morfosintaxis.

No pienso recrearme en los usos y juegos que «pinga» ha provocado en el habla cubana, porque todos están impregnados de una sexualidad coruscante que no encontramos en los usos y juegos de la pisha gaditana. Si *La Habana es Cádiz con más negritos* —como reza el verso de Antonio Burgos—, la metonimia de pisha no funcionaría en Cuba, porque su equivalente cubana siempre se mete y no tiene nada de nimia. La pisha gaditana es todo lo contrario, porque su origen semántico y fonológico proviene de «pija», una voz que Sebastián de Covarrubias incluyó en 1611 en su *Tesoro de la Lengua Castellana* y que definía "la bellotilla del niño, y díjose del nombre griego πηγή, fons, porque es la fuentecilla por donde orina".

Sospecho que el habla popular de Cádiz reservó la voz pisha para el cariño y la complicidad, derivando otros caprichos a una palabra más rotunda que —me atrevo a sugerir— estoy persuadido de que se popularizó en Cádiz a comienzos del siglo XIX, cuando «El Juego del Hombre», el juego de naipes más popular de España desde el siglo XVI, se convirtió en «Tresillo», y sus lances y expresiones malsonantes fueron condenados por la jerarquía eclesiástica. En aquel juego de cartas —cuyas reglas encontré en la Biblioteca Nacional y publiqué en Chile con ocasión del IV Centenario del *Quijote*— el dinero que estaba en el centro de la mesa se llamaba la «polla» y el juego consistía en «hacerse un hombre», «sacándose la polla» y «corriéndose de la mesa». Para alcanzar dicho objetivo, los jugadores debían tirar los naipes correctos o —en caso contrario— impedir que los otros pudieran echarlos, soltando cartas al grito de «te la meto doblada». No me imagino ni a un vizcaíno ni a un castellano buscando el doble sentido de las expresiones durante los lances de «El Juego del Hombre», pero después de leer los desopilantes sainetes de tahúres de Juan Ignacio González del Castillo y los *Estudios prácticos de buen decir y de arcanidades del habla española* (1879) de Adolfo de Castro y Rossi, no tengo la menor duda de que en Cádiz los juegos de cartas alumbraron otros juegos de palabras. De hecho, como una baraja en latín era un mazo de *lusorias pagellas*, el habla popular dedujo que un naipe era una paja. Así, cuando un jugador no podía «correrse» y «hacerse un hombre», no tenía otra alternativa que «echar una pajita». Es decir, una carta estéril y de escasa potencia. Como una pisha.

Reconozco que dediqué un tiempo a investigar si pisha no sería una de esas palabras peregrinas que salieron de la península y regresaron siglos más tarde por aquí, como poncho, sopaipa o chévere. También me interesé por saber si pisha no compartiría linaje etimológico con otras voces americanas como pichina, pichanga o pichiruchi, pero tuve que admitir que pisha no tiene nada que ver con el habla americana, a pesar del volcán Pichincha y de la ciudadela de Machu-Pichu.

No obstante, como mi deseo es hacer dialogar al habla gaditana con la peruana, no puedo obviar la existencia de dos peruanismos muy próximos a pisha. El primero sería «pichula», muy conocido en España gracias a Mario Vargas Llosa, aunque no por «Los vientos» —aquel relato de 2013 donde hablaba de "un enamoramiento de la pichula, no del corazón"— sino por «Pichula» Cuéllar, el protagonista de *Los cachorros* (1967) que fue emasculado por el perro de los maristas de Miraflores, por casualidad mi colegio. A Cuéllar sus amigos lo llamaban «Pichulita», apelativo cariñoso que cumplía la misma función que pishita. Y el segundo peruanismo sería «chochera», una derivación de "chocho" en su acepción de sentirse complacido, pero que gracias a una metonimia traslada la sensación de satisfacción al sujeto que proporciona la emoción del cariño, como los amigos, los hijos o los nietos. Aquí lo divertido sería que en Cádiz se pronunciaría «shoshera», de suerte que la fonética gaditana la convertiría en una voz políticamente correcta e intrínsecamente inclusiva (y de paso resiliente y sostenible), porque tanto hombres como mujeres —así como los diez colectivos que caben todavía dentro del acrónimo LGTBIQA+— serían «shosheras». Pero este diálogo tendría corto recorrido y por eso pienso que el mejor homenaje que hoy puedo tributarle al habla popular de Cádiz debería consistir en arrejuntar la pisha de la caleta con el huevo de los Andes. Es decir, el lexema productivo gaditano con el morfema reproductivo peruano.

Hay palabras que caen de pie y permanecen paraditas, como el huevo de Colón, así, en singular, aunque el plural le habría hecho más justicia al marino genovés. En México esa palabra sería *chingar*, en Venezuela vendría a ser *vaina* y en Cuba sin duda sería *pinga*, porque cada una de ellas ha dado origen a una constelación semántica que sólo los hablantes de sus respectivos países son capaces de emplear hasta la última de sus acepciones. Me llama la atención que en España no existan voces así, ya que las que consienten usos diversos como culo, las alhajas genitales y sobre todo el verbo que nombra las veleidades intestinales, muy rara vez se alejan de sus originales ámbitos sexuales y escatológicos. No es el caso de México, donde cuando algo está *como la madre* es que es buenísimo, pero si está *hasta la madre* es más bien deplorable, aunque madre sólo haya una. Y en Argentina tenemos más ejemplos semejantes, porque allá nadie se ofende si le dicen *boludo*, aunque todos se rebrincan cuando los llaman *pelotudo*. Wittgenstein habría delirado con el habla popular argentina, aunque no por la pelotera semántica, sino por su desmesurada ambición inclusiva, pues las boludas y las pelotudas ya existían en el Río de la Plata, mucho antes de la corrección política.

Con la honrosa excepción de Cádiz, España no es país para polisemias porque el español peninsular se precia de llamar al pan, pan, y al vino, vino; pero como España es apenas el cuarto país del mundo en número de hispanohablantes tras México, Estados Unidos y Colombia, celebremos que el castellano de América sea tan pródigo en albures, malapropismos, calambures y voces multiusos como *huevo*, el morfema nacional, la palabra comodín por excelencia del Perú.

En efecto, en el Perú tenemos clarísimo que el huevo fue primero que la gallina, porque las gallinas apenas dan juego y en cambio el huevo sirve para *un huevo* de cosas. Así, después de los antiguos órficos, el *huevo del mundo* ha sido empollado en el Perú porque el habla peruana es ovípara; es decir, se reproduce por huevos, como el universo. ¿Qué fue el *Big-Bang*, sino el crujido del huevo primordial rompiéndose para que soles, cometas y estrellas hicieran la tortilla universal? Los primitivos hindúes lo intuyeron porque *Brahmanda* significa «huevo cósmico» en sánscrito —brahm (cosmos) y *anda* (huevo)— y eso en el Perú es la *huevolución* de toda la vida.

Por eso en el *huevo* del habla peruana se manifiesta la *coincidentia oppositorum*: la polaridad primigenia, la reconciliación de los contrarios y la naturaleza paradójica de la semántica. De ahí que podamos decir que fulanito *sabe un huevo* (todo), mientras que menganito *no sabe ni el huevo* (nada); que algo *cuesta un huevo* (mucho esfuerzo) o que *no cuesta ni un huevo* (ningún esfuerzo); que un objeto *vale un huevo* (es carísimo) o que *no vale ni un huevo* (es baratísimo). Sin embargo, cuando un trabajo es muy sencillo se dice que es *bien huevo* e incluso *huevísimo* (facilísimo), pero en ningún caso usamos el modo adverbial peninsular de tener o poner algo *a huevo*. En cambio, sí coincidimos con más hispanohablantes en la expresión de la dificultad de cualquier asunto cuando la cosa *tiene huevos*.

En honor a la verdad, el plural impone mucho, porque cuando algo nos *llega al huevo* es que nos resulta indiferente; pero si nos lo *pasamos por los huevos* es que además lo despreciamos con recochineo. En realidad, el énfasis del plural funciona porque *tener huevos* supone valor; conseguir algo *por huevos* entraña determinación; hacer algo *con huevos* requiere fortaleza, e implicarse *hasta los huevos* siempre será mucho más arriesgado que poner la mano en el fuego. No hay comparación. ¿Será esa la razón por lo que en momentos de pánico a uno se le ponen *los huevos de corbata*? Jamás en singular y siempre en plural. Es obvio que para poder subir y bajar así, los huevos tienen que ser leves y aleves como el ala del verso de Darío, pues cuando alguien es demasiado lerdo decimos que *le pesan los huevos*.

No obstante, gracias a la *coincidentia oppositorum* el habla peruana le da la misma o más importancia a *las huevas* —en femenino—, porque *hacer algo por las huevas* significa hacerlo por gusto; hacerlo *por si las huevas* es hacerlo por si acaso, y negarse a hacer lo que sea *ni de huevas* quiere decir de ninguna de las maneras. De hecho, para expresar un no rotundo decimos *¡las huevas!*, porque el término es tan inclusivo como polisémico. A saber, que si algo está *hasta las huevas* es que está muy mal; cuando alguien *nos tiene hasta las huevas* es que nos tiene hartos; cuando uno se *siente hasta las huevas* es que está exhausto, y cuando alguien *está como las huevas* es que está como si nada o fresco como una lechuga. Pero ojo, porque *ser un huevas* es ser tonto; *ser un huevas tristes* es ser tonto y además penoso, y *ser un huevas pa'tras* es ser tonto e ignorarlo, porque el tonto que sabe que es tonto, es el *huevón* de toda la vida.

Vaya por delante que referirse a *un huevón* en cualquier charla informal es como decir un tipo, un pata o un compadre; aunque cuando decimos que fulanito *es un huevón*, sí lo estamos calificando como una mala bestia e incluso podríamos hallarle un sitio en la jerarquía de la condición *huevona*, porque dentro de ella conviven *el huevón a la vela* o *huevón imparable*; *el huevón con vista al mar* o *huevón de lujo*; *el huevonazo* o tremendo *huevón*; *el huevonauta* o *huevón estelar*; *el huevinchi* o *huevón cariñoso*; *el hueverto* o híbrido de *huevón* y mamerto, y el *huevofrito* o *huevón* tan elaborado, que tiene la yema para reventar. Así, entre tantos *huevos*, *huevas* y *huevones*, era inevitable que apareciera el verbo *huevear*.

Sin embargo, *huevear* no siempre significa lo mismo, ya que *dejar de huevear* es dejar de perder el tiempo; advertirle a alguien que *no nos quiera huevear* es instarlo a que no trate de engañarnos; decirle a un niño *«no te vayas a huevear»* es animarlo a que no tenga miedo, y reprocharle a alguien que *se haya hueveado* es echarle en cara una equivocación. En el colmo del multiuso el *hueveo* puede ser un error, un susto, un deleite o un apoltronamiento, y contra esas cuatro acepciones podría emplearse el verbo *desahuevar*, voz riquísima que además se usa cuando estamos riñendo, cantándole las cuarenta o dándole una paliza a otra persona a la que estaríamos *desahuevando*. ¿Entonces por qué el *deshueve* es algo grato y divertido? Porque no es lo mismo el *desahueve* que el *deshueve*. El *desahueve* es un escarmiento y el *deshueve* un esparcimiento. Como se puede apreciar, el *huevo* es cosa en sí y al mismo tiempo cosa para sí: el ser por excelencia, la *huevada*.

En realidad, cualquier cosa puede ser una *huevada*, *no hacer hueva-das* supone no hacer tonterías, *estar en la huevada* es como estar en la pomada y *una huevada* también es algo sin importancia, mientras que *una huevadita* siempre será una bagatela. No obstante, cuando queremos expresar que tenemos razones de peso para defender una idea expresa-mos rotundos: *¡son huevadas!*, porque la *huevada* es la cosa en cuestión y el ser ontológico, ambos a la vez. Es decir, la *huevada* kantiana, hegeliana y heideggeriana. ¿Cuál sería *la huevada de la huevada*? Esa es *la hueva-da*. Y quien la dilucide habrá *puesto un huevo*.

El *huevo* es tan inclusivo que hasta un ente masculino puede *poner un huevo* si hace algo notable. Asimismo, si alguien se da una importancia que no tiene, lo normal es pensar «ni que hubiera *puesto un huevo*». De hecho, una mujer brava y valiente estaría *sobrada de huevera*, mientras que de un hombre apocado y cobarde decimos que *le faltó huevera*. ¿Hay algo testicular en el asunto? Para nada. Por eso cuando alguien está en las nubes decimos que *está pensando en los huevos del gallo*, expresión más feminista que machista, pues —como todo el mundo sabe— la gallina ponedora no necesita a ningún gallo para poner lo que hay poner. Adviér-tase la diferencia con el español peninsular, donde la expresión «tener lo que hay que tener» sólo significa tener el avío genital a punto de revista.

Por último, las infinitas posibilidades que ofrece el *huevo* en el habla peruana se enriquecen y adquieren nuevos significados gracias a la ora-lidad, pues si alguien le dice a su pareja: «*Me importas un huevo*», de-pendiendo del tono, la intensidad, el contexto y la modulación, podría tratarse de una declaración de amor eterno o de una separación chúcara y borrascosa. Y entonces la clave volvería a estar en el plural, porque si uno de los dos respondiera «*te voy a sacar un huevo*», estaríamos ante un divorcio, ya que el amor, la pasión y el erotismo suponen no uno sino ambos dos. Y ojo que los divorcios también pueden comprometer el par completo, aunque nunca a la vez sino de uno en uno: «*te voy a sacar un huevo. Y después, el otro*».

Por lo tanto, un *huevón* no tiene por qué ser alguien que hable *hueva-das*, porque nos estaríamos *hueveando*. *La huevada* está en no *huevear* por las *huevas* porque el *hueveo* te hace quedar *hasta las huevas*, sobre todo cuando no sabes *ni el huevo*. Y como recuperar la credibilidad *cuesta un huevo, por si las huevas*, más vale *desahuevarse* y dejarse de *hueva-das*, porque siempre será mejor parecer *huevinchi*, que un *huevón con vista al mar*.

Si ha resultado *huevo* entender el párrafo anterior, estudiosos y cu-riosos estarán listos para sumergirse *hasta los huevos* en el habla perua-na, porque ningún *huevón* podrá *huevearlos* y descubrirán lo *deshueve* que es conversar *como las huevas* de cualquier *huevada*. Y sin necesidad de organizar ningún *huevinario*, peruanismo que me apresuro a propo-ner para zanjar la trifulca entre quienes rechazan el uso del sustantivo «seminario» en contextos académicos, por ser voz machista, patriarcal y falocentrista, ya que viene de semen. Después de todo, *huevinario* sería todavía más inclusivo que «ovulario» y más hispánico que *webinar*, anglicismo que ha pasado desapercibido en el Perú porque nos sonaba igualito al *huevinar* de toda la vida. Así, los *huevos* y las *huevas -la huevada*, en general- colman todas las expectativas de la corrección política, porque le conciernen tanto a la gallina como al gallo, macho de la especie gallinácea que —como todas las aves— carece de falo y en consecuencia nunca penetra, porque solamente pisa.

La pisada del gallo tiene que ser como el amor líquido de nuestros días, pues la pisha del gallo es igual que la del piojo, un desborde antidisciplinario —que diría Wittgenstein—; un fluido enamorado, en términos de Zygmunt Bauman; o una *escurriura*, como lo diría cualquier gaditano de a pie. En realidad, el gallo debería ser el paradigma de la nueva masculinidad o del macho políticamente correcto, pues no tiene pisha, tampoco huevos, no puede penetrar a nadie y encima la polla es su pareja.

La voz gaditana «gallote» —"desenvuelto, resuelto, de rompe y rasga"— permaneció en el *Diccionario de la RAE* hasta la vigésimo primera edición de 1992, y el peruanismo «gallada» —"peña, pandilla, hermandad"— entró en la norma a partir de la vigésimo segunda edición de 2001.

Me siento afortunado por haber sido invitado a formar parte de la Real Academia Hispanoamericana de Ciencias, Artes y Letras de Cádiz —"we, band of brothers", como escribió Shakespeare—, pero que hoy traduzco libremente como «banda de gallotes» o «gallada de hermanos», fundiendo en una sola expresión el habla de Cádiz y la del Perú. Y para que la simetría avícola sea lo más gallarda posible, convoco la memoria de don Nicolás de Rivera «El Viejo» —el único gaditano de «Los Trece del Gallo» y primer alcalde de Lima en 1535— y la del diputado limeño Vicente Morales Duárez, presidente de las Cortes de Cádiz que falleció después de la cena de honor por su investidura, "entre gallos y medianoche".

Deseo agradecer de viva voz a Rafael Sánchez Saus, pues gracias a su propuesta me encuentro hoy aquí, conmovido y encantado por sumarme a una corporación a la que pertenecen y han pertenecido figuras que quiero, respeto y admiro. Las leyes homéricas de la hospitalidad me convierten desde hoy en huésped perpetuo y agradecido de Rafael, pues ingresar en la Real Academia Hispanoamericana no me exalta ni me distingue, sino que me insta a debelar mis lacras y mi mediocridad, tal como lo formuló en *Ejecutoria, una hidalguía del espíritu* (2024) mi admirado y querido Enrique García-Máiquez, también académico de número de la Real Academia Hispanoamericana de Ciencias, Artes y Letras de Cádiz.

Me congratulo de unirme a la relación de académicos correspondientes del Perú, tras Hugo Neira Samanez, Martín Santiváñez Vivanco, Francisco Espinoza Dueñas y Carmen McEvoy, aunque no quiero dejar de citar a otros peruanos que han llevado y llevan a Cádiz por bandera, como la cantautora Susana Baca, la agrupación teatral Yuyachkani, el exdelantero del Cádiz Máximo «Vides» Mosquera, el dramaturgo Martín Flores y —por supuesto— el escritor Alfredo Bryce Echenique, autor de la novela *El hombre que hablaba de Octavia de Cádiz* (1985), donde descubrimos a una joven enamoradiza que decidió romper con sus tres novietes de París, Lisboa y Milán apenas escuchó que en la universidad de Nanterre había un antiprofesor peruano que no dictaba sus clases porque las llevaba grabadas. Octavia Zalacaín Marie Amélie de Cádiz vivió un borrascoso romance con Martín de Romaña, aunque en realidad se llamaba Sylvie Lafaye de Micheaux y ni siquiera era de Cádiz, pero Bryce Echenique la transformó en gaditana para piropearla por última vez, después de haberle dedicado *La vida exagerada de Martín Romaña* (1981).

Por último, deseo celebrar que hoy me abra sus puertas una casa que es europea y americana, científica y artística, literaria y académica, y española por ambos hemisferios. Gracias por la risueña complicidad con que han acogido mis cavilaciones sobre el habla popular al conjuro de Wittgenstein, quien comparó la profundidad filosófica con la hondura humorística en uno de sus aforismos: "El humor no es una emoción, sino una filosofía de vida".

Cuando le conté a mis hermanos de Lima que he ingresado en la Real Academia Hispanoamericana de Ciencias, Artes y Letras de Cádiz, me felicitaron ilusionados por «haber puesto un huevo»; pero yo les contesté que no, que tratándose de Cádiz estamos ante algo muchísimo más importante: más bien he puesto —les dije— una pisha en Flandes.

Muchas gracias

Cádiz, 18 de febrero de 2025

¿Qué hace una librería hoy en día?

Resiste.

RECOMIENDA
SIN ALGORITMOS.

Prepara té.

ESCUCHA.

Mira a los ojos.

Hojablanca no es solo un lugar donde se venden libros.
"Es un lugar donde los libros abren historias."

Desde 1989, en Toledo.
Seguimos aquí.

Calle Martín Gamero, 6 – Toledo

 660 84 85 03   @LHojablanca

 @libreria_hojablanca   @libreriahojablanca4735

Instruccion

Instruction y memoria de las diligencias y relaciones que se han de hazer y embiar a su Magestad, para la description, historia, enclaves, lugares, casa, flora, fauna y artefactos magicos de España, que manda se haga para honrra y ennoblescimiento destos regnos.

Primeramente, los directores, maestres, grandes, echizeros, gouernadores, corregidores y otras justicias y personas a quien su magestad escriue sobresto haran luego hazer lista de enclaves, lugares, casa, flora, fauna y artefactos que cayeren en su jurisdicion, declarando quales son, y embiarla an a su magestad. Y daran cargo a dos personas o mas, inteligentes y curiosas, de los pueblos donde residieren, que hagan la relacion dellos, lo mas cumplida y cierta que se pueda, por el tenor de los capitulos de esta instruction y memoria.

Y embiaran a cada casa, consejo o aquelarre de los de su jurisdicion una instruction y memoria impressa, de las que se les avieren embiado, mandado a los dichos consejos que luego nombren a una persona o mas, de las que mas noticia tuuieren de las cosas magicas, que juntos hagan una relacion dellas por la orden y tenor de los capitulos desta instruction y memoria. Y en siendo hecha, se la embien sin dilacion ninguna, juntamente con esta instruction, para que con las demas, se embie a su magestad.

Y como los dichos gouernadores y otras personas fueren recogiendo las dichas relaciones, las gran embiando a su magestad, juntamente con las instructiones impressas, que se le avieren embiado, quando no fueren menester, para embiarlas a otras partes.

Las personas a quien se diere cargo en los pueblos de hazer la relacion particular de cada uno dellos, responderan a los capitulos de la memoria que se sigue, o a los que dellos fueren, de cosas que en el dicho aga por la orden y forma siguiente.

Primeramente en un papel aparte pondran por cabeza de la relacion que hizieren el dia, mes y año de la fecha della, con los nombres de las personas que se hallaren a bazerla, y en nombre del cabeza de consejo o aquelarre o otra persona que les hauiere embiado esta instruction.

Y auiendo leydo atentamente dicha memoria, y visto lo que ay que dezir del dicho lugar, escriuiran lo que auiere, y despues de escripto bolueran a leer para ver si queda algo por responder.

Respondiendo en todo breue y claramente, affirmando por cierto lo que fuere, y por dudoso, lo que no fuere muy aueriguado, de manera que ninguna rosa se escriba por cierta, no lo siendo, si pudiere ser conforme a las cosas contenidas en los capitulos siguientes.

1.— Primeramente, se declare y diga el nombre del enclave o lugar, cuya relacion se hiziere, como se llama al presente, y porque se llama assi. Y si se ha llamado de otra manera antes de aora, y tambien porque se llamo assi, si se supiere.

2.— Si el dicho enclave o lugar es antiguo o nueuo y desde que tiempo esta fundado, y quien fue el fundador o lo que dello se supiere.

3.— Si el enclave o lugar es ciudad o villa o aldea, es un unico enclave y los efluvios de la magia se reparten en toda ella o bien consta de uno o varios de ellos separados y sin relacion y quien tiene la jurisdicion.

4.— Si en la zona donde radique el enclave o lugar, pueblo o castillo la magia es de fuente propia o generada por mano de mago. Si la magia fuere de fuente, si esta es primordial u original o si se indujo por medio de hechizo y el nombre de conocimiento.

5.— Como se instruyen las fronteras del enclave, si tiene puertas o portales a otros reynos o enclaves magicos.

6.— El escudo de armas que el dicho enclave tuuiere, si tuuiere algunas, y porque causa o razon las a tomado, si se supiere algo.

7.— Si existe animal magico en el enclave, enumere los especimenes, el nombre comun y denominacion verdadera, el numero aproximado dellos, si son del lugar o se trajeron de otros lares.

8.— Si existe flora magica en el enclave, enumere los especimenes, el nombre comun y denominacion verdadera, el numero aproximado dellos, si son del lugar o se trajeron de otros lugares.

9.— Si ademas existe alguna roca, mina, estatua o objeto inanimado que sea de relevancia nombrar.

10.— Que se enumeren y se descrivan los objetos magicos allados en el enclave y se digan si son propios o depositados de otros aquelarres o consejos o gremios.

11.— La suerte de las casas y edifficios que se usan en la magia, si son antiguos o modernos y si estan señalados con algun signo o epitafio o encantamento.

12.— Las fiestas de las casas magicas, onomasticas, celevraciones de acontecimentos o aniversarios que por fecho o razon de nacimiento uuiera sido necesario de recordar.

TOLEDO

Memorial de algunas cosas notables que tiene la imperial y muy magica ciudad de toledo Dirigido a la C. R. M. del Rey Don Phelipe de Austria, Monarca de las Españas y nuebo Mundo.

Por Maria Sotomayor hija del Ilustre señor D. Francisco Hernandez, hechizera de la casa de las Bendecideras, respondiendo a encargo realizado por los Ilustres señores D. Guzman de la Vega, Gran Maestre Mago dellas Doce Casas y cartulario de naturaleza y el Ilustrisimo señor Sancho Bustos Villegas, gobernador y administrador del arzobispado de Toledo al pliego que le fue dado de la Instruccion de su Magestad acerca dellas diligencias que mando hacer para la imperial historia de los enclaves, lugares, casa, flora, fauna y artefactos magicos de España, bajo este questionario:

Que recibido el encargo, es encargada de contestar la instruction enviada de v.m pasamos a relatar sobre los hechos prodigiosos que conocemos de nuestra cibdad de Toledo desde los tiempos del rey Rocas a esta parte y rogamos discrepcion con la informacion que consignamos, puesto que la muy novle y algo envidiossa civdad de Cordova, anela los secretos toledanos desde tiempos de Virgilio el cordobes artistotelico y averroista.

Que la imperial Toledo, esta bajo la influencia del planeta Mercurio, y segun se comenta, es razon por la que sus moradores son dados al estudio de las notables ciencias y de la astrologia. Esta fundada mas al norte que al oriente,y segun se calcula en las tablas astrolgicas del Rey Mago Alphonso, su polo dista quarenta y un grados de elevacion,.

Lo que la ciencia conoce y esta recogido en el libro de Rocas y los que saben afirman, es que el nombre originario de la ciudad fue otorgado por el sabio griego Ferecio, en recuerdo de su amada ciudad de origen situada cerca

del monte Taygeto y que este nombre con posterioridad
degenero en Ptolietron, despues paso en epoca romana a
Toletum, Tolaytola con los mahometanos y finalmente
Toledo cuando el mago Alfonso invento nuestra lengua
toledana.

Que consultado el livro de las Fundaciones del gran
Hermes Trimegisto y en lo referido a Toledo, se sabe
que fue y rey llamado Rocas proveniente della tierra
del Eden, el que traxo con el unas columnas i mojones, en
donde estavan grabado todo el conocimiento del mundo y
dellas cuales, treynta estaban fechas en fierro y setenta
en marmol.

Como la piedra se corroe ,en la epoca de nuestro Santo
Rey Alphonso X, este saber se transcribio por los Sabios
al gran Libro Magico, que agora esta custodiado en Casa
Güena del Señor de Higares, mientras finaliza la obra
de segregacion della Escuela de Magia de Toledo, y la
del Colegio de Santa Catalina, porque las diecinueve
catedras de estudios cartularios naturales y las
doce de los magicos son en continuo conflicto entre los
estudiantes, con intrusiones de los estudiantes en unas y
otras.

Los sabios moros como Rasis y Al-Maqqari asignan la
fundacion de la ciudad a heroes como Hercle, Heracle,
Salomon o Solyman, question que desestimamos porque
cuando Hercules llego la cibdad ya estaba fundada y el
gran Salomon avia creado construido i encerrojado su
palacio.

Que como bien sabe v.m, Toledo es una ciudad y hasta la
mudacion de voluntad, era capital del reyno y antes de
v.m. con el emperador Carlos V capital del imperio, y
ambos andaban advertidos de las graves consecuencias
de intentar sacar de Toledo los saberes magicos que
atesora. Advertido el padre, perdio el reyno y advertida
a v.m. tuvo que refugiarse en una pobre villa, mas llana
sin duda, que la imperial Toledo.

....

Continuando con la instruction, Toledo es una cibdad con fuente propia, que no a creado mago o nigromante alguno y della muchas cibdades an tomado y toman en la actiualidad.

Parece ser que todo lo bajo de Toledo esta impregnado de subtancia alquimica que mama igual que el agua por las paredes dellos edificios, constuyendose en ellos algunos receptaculos para contener la mesma. Los mas poderosos son convertidos en portales de los que mas tarde relataremos.

Asi como ejemplo hay una construccion octogonal, que se realizo por encargo de los romanos por el siglo de Iulius Caesar y a la que llaman Cueva de Hercules que ni es cueva, ni es de Hercules y sobre la que refieren los naturales maravillas y prodigios e incluso ser palacio donde los godos guardaban los tesoros traidos del Sacco de Roma. Todas falsedades y medias verdades que sirven para quarecer uno dellos portales della ciudad. Fue construido por el mago forjador Decimo Ignio Petra para recoger los brotes de magia que supuraban de los manantiales subterraneos.

Para la mesma funcion, encontraos otro en el Alcazar, albergado en sus catacumbas bajo la Torre Norte y otro mas del que podemos dar cuenta por la pureza de sus emanaciones esta sito en la casa del hidalgo D. Eulogio Hernandez y Perez gran maestro astronomo, que tiene su domicilio en una calle della cibdad a la espalda dellas parcelas preparadas para las casas consistoriales que se estan diseñando.

Y la ultima que es de relevancia mencionar en esta encuesta, es la del Marques de Villena, que es hoy el portal por el que tramita dicho marques y la Parca cuando salen a recoger las almas que se perdieron cuando la distrajo.

Si sabemos que la corriente telurica que alimenta el Tajo es traida por el rio Algodor desde los Montes de Toledo, por eso Toledo es magica y en Aranjuez se notan trazos.

Al respecto hemos de manifestar a v.m. que la ciudad
cuenta con varias murallas naturales, que desde tiempos
romanos dan proteccion y que ahora la rodean de Este a
Oeste y de Norte a Sur . Que desde los moros contaba con
cinco puertas que abrian y cerraban paso, pero como v.m.
conoce son dos mas las que se han abierto con su reinado,
una para vuestra llegada y la otra para vuestra salida.
En cuanto a barreras magicas, la cibdad imperial
cuenta con un sistema de confusion de calles que se a
denominado por los magos forjadores como Sistema de
Transmutacion de Calles y Confusionamiento, muy
usado en los escarceos entre christianos y sarracenos
pero como su uso prolongado generaba malesestares a los
toledanos se ha optado por mantener la configuracion
dellas calles con sinuosidades y laberintos, aunque el
Consejo sospecha que los nuevos forjadores no se ponen
de comun cual es la verdadera direccion y forma de la
cibdad, porque como debe saber v.m. los planos del aspecto
normal de Toledo se perdieron durante la uida de
Maria de Pacheco del ajusticiamiento del emperador.

::::::::::::::

Sobre portales y donde llegan, solo responder que en ley
hay tres sitos que son portales, uno en la mal llamada
Cueva de Hercules, que ni es cueva ni era de Hercules,
otro en la Torre Norte del Alcazar y la tercera bajo el
altar mayor de la muy Catholica Apostolica y Romana
Yglesia Catedral Primada de Todas las España de
Toledo.
Recordar que como son portales magicos y no puertas de
avitacion y el destino depende de la pericial del mago o
hechizera y si el hechizo es capaz de impulsarlos hasta
su destino o dejarlos a mitad de camino, circunsntancias
que an ocurrido en muchas ocasiones. Asi los avuelos de
v.m. tuvieron que enbarcar a Colon hacia las Americas
para recoger al florentino Leonardo, quien muy ufano
se habia lanzado por un portal creyendo que del impetu
apareceria en China.

En el caso del portal de la Catedral, afirma el administrador, que su unico destino es Roma, pero no nos atrevemos a afirmarlo con rotundidad, pues testimonios afirman haber escuchado por las noches en las naves voces de personas que deberian estar en otros lares.

....

Sobre los signos que representan cada casa, ay uno para cada una, que muta en ocasiones segun voluntad del Maestre director, siendo comun a las Doce Casas el formado por dos torres mellizas que representan las Torres donde el Rey Rocas encerro el saber Natural y Magico. La Torre siniestra muestra tres arcos uno godo otro moro y otro christiano y en el centro hay dibujada una columna que simula a las 30 columnas donde estaba recogido todo el saber magico y la otra, la Diestra, con tres arcos tambien el chirstiano primero, el moro despues y godo el final tiene tambien un mojon en su centro en honor a los 70 de marmol que recojian en saber natual.
El escudo fue sancionado durante el reynado de Alphonso X, el rey Mago.

....

De las cualidades teluricas de Toledo muchos conocen y no hay casa pobre o rica que no cuente con pozo, aljibe o cisterna que no recoja agua y magia, y dado que la magia es impregnativa y que hay que separarla del agua para evitar grandes prodigios en quien la beba o se bañe, decantase por varios medios magicos y mecanicos.
De todos destacamos las anguilas, que desde tiempos carpetanos se traian del rio Torcon, otro rio que desagua en el Tajo y que arrastra tambien trazas magicas que recoge de los Montes de Toledo.
Dichas anguilas son capturadas en los confines del paraje llamado por los lugareños "Civdad encantada" y siempre por la noche, preferiblemente en las de luna llena, sobre todo para evitar caidas y accidentes.

Se recomienda el emparejamiento sin mezcla de sessos, para evitar la superpoblacion. Solo las que nadan en circulos son adecuadas para decantar.

En esta relacion hemos de señalar que debido a esta impregnacion, en la cibdad casi toda criatura esta cargada de signos magicos γ por ello foraneos γ propios conviven sin molestarse o cazarse.

Es dicho en otras villas, que Toledo es cibdad de dragones γ que en sus cuevas γ pasadizos viven muchos dellos. Los mas pequeños son las llamadas salamanquesas que se aparecen por aquellas casas con refulgencia, que en la cibdad son casi todas γ las salamanquesas no se paran donde esta mas corrutta o mas naturalizada.

Ademas de este atributo magico de señalizacion, tambien son atractivas del fuogo γ en ocasiones otorgan a sus porteadores la capacidad de adherirse a los muros γ escalar por ellos. Para dar este prodijio es necesario facerse a la espalda uno de estos dragones γ recitar un complicado hechizo.

Entre los bestiarios mas reconocidos en nuestra cibdad γ que es capaz de controlar a su voluntad a este animal esta el flamenco Joan Van der Walls o como es conocido en Toledo, Juan Tapias, dada su aficion a saltar los muros mas altos a fin de mostrar sus maravillas γ prodijios a las damas interesadas. Agora su paradero es incierto, no sabiendo si marcho por la querra en Flandes contra su magestad Phelipe o por sujerencia del Consejo de Magos dada su aficion por las tapias γ las esposas.

Otro dragon que mora en Toledo es el llamado Tarasca. No se sabe a ciencia cierta el año de su creacion, si que fue la consecuencia de un hechizo fallido. La Santa Bestiaria Maria de Betania trajola a Toledo cuando este se llamaba Toletum, para que fuera custodiada por sus bestiarios, quienes costruyeron un recinto en el cerro del Bu para contenerlo. La bestia es liberada los miercoles de luna nueva.

Se señalan en los libros de los Naturales, que sale en procesion con una mujer montada en su lomo, pero esta

no es della que fablamos, pues la nuestra es de escamas y
carne y la otra es de madera tela y papel y va soportada
sobre un bastidor y empujada por varios hombres que
introducense por su interior.

Ademas la Tarasca magica, puede volar, escupe fuego
cuando esta enojada, mientras que el artificio moja con
agua a los niños atrevidos que lo acarician al pasar.

························

Y hablando de artificio, aunque v.m. tenga algun tipo de
afrenta con el famoso relojero, no es mas cierto que es un
prodijo de magia e ingenio y que los atrapadores eternos
de agua que ha instalado en el Tajo proveen a la cibdad de
su suministro.

Y que decir dello que llaman los naturales Microcosmos,
un reloj que a su magestad le permite viajar de un lugar
a otro sin levantar polvo con los pies, o el Cristalino,
maravilla que muestra la posicion de los astros y le
permite a sus aruspizes personales predecir los prodijos
celestiales.

O el Hombre de palo que anda por las calles toledanas,
que no es otra cosa que un desdichado mercader que se nego
a pagar un encargo al cremones y este lo transmuto en
palo hasta que saldara la deuda.

Lo que nos recuerda la existencia de la llamada Redoma,
que se encuentra custodiada por el Consejo de los Doce y
que esta dotada con la capacidad de renacer al muerto,
aunque desde Illan no se ha vuelto a usar.

························

Sobre la flora mas alla del tomillo regado con agua
y magia del pozo del Alcazar, con el que se alfombra
Toledo en el Corpus para quitar los malos olores del
Matadero mayor, solo podemos nombrar la aspidistra,
llamada por el vulgo alpilistra o pilistras o tiestos del
patio, que es una planta verde de hojas alargadas y que
se coloca en los patios toledanos con la unica funcion de
atraer la sombra en verano y reuirla en invierno, porque
para otra funcion no la tenemos porque es una planta
sosa y sin artificio que poco adorna.

Nombramos la llamada Piedra del Rey Moro, al que los naturales atribuyen una leyenda, pero la realidad es que si bien es cierta la naturaleza petrea y mahometana del hombre empedrado, la verdad es que fue el gobernador moro toledano Al-Qadir , quien se quedo en este estado practicando un fallido hechizo por el que pretendia convertir a sus soldados en roca para luchar contra el Rey Alfonso VI, como sus soldados no se fiaban de las artes refuljentes del mago, le instaron a que las probara consigo, con el consiguiente resultado. Se convirtio en piedra y se quedo petrificado.

::::::::::::::::

En cuanto a los objetos relevantes que se custodian en la cibdad imperial.

Yosef ben Matityahu mago forjador trajo a Toledo la Mesa de Salomon en el año 71 despues del naccimiento de Nuestro Señor, que no es otra cosa que una mesa dellos anhelos, cuyo funcionamiento bien conocia su Magestad imperial Carlos V.

Los visigodos depositaron en Toledo el Misorium, espejo que fabricado por el Mago forjador Flavio Aecio, que fue regalado a Teodorico I, que era muy dado a usar el Rey Rodrigo con funestos resultados.

Y tambien contamos con la citada redoma, del mago Illan, que no es originaria de su magia, sino que afano con malas artes a un teuton dominico, que experimentaba con la piedra philosophal.

Tambien poseemos gigantes imanes atractores de desgracias, alguna piedra donde se cuenta que la Virgen Maria poso sus pies y los libros del Rey Rocas donde esta reflejado el saber del mundo recogido en 30 columnas de hierro y 70 mojones de marmol. Aunque de dichos libros solo pueden dar fe los cartularios naturales.

::::::::::::::::

Como edificios y casas magicas son algunas de renombre la Casa de Mesa, el observatorio de la Torre Norte del Alcazar, la Cueva de Hercules, la cierta, no la natural, tambien llamada Palacio encerrojado, la casa del Diamantista, La casa de Filo, La Casa della Calle della Cibdad la Casa Güena, la roca Tarpeya, la Casa de Mesa, el Castillo de San Servando, el Hospital de la Santa Cruz y la Carcel del Vicario. No mostraremos su posicion en mapa alguno, pues son de discreta situacion para la tranquila practica de la magia por los magos y hechizeras.

Y sobre nuestras fiestas propias, los magos y hechizeras de Toledo no celebramos otra fiestas y conmemoraciones que las normales de nuestra cibdad, pues no vivimos al margen como otras comunidades, sino que participamos de la vida y abonamos las prevendas, impuestos y diezmos que nos obligan, guardamos las fiestas y somos magos de los mas christianos de la christiandad y asi lo reconoce su v.m, aunque se haya marchado de Toledo a la villana villa.

Y siendo todo lo que tenemos

Que fecha la relacion, la firmamos los encomendadores y la ecomendada para dar fe de la veracidad de su contenido y que sin y sin dilacion se la entregmos al enviado y la hechizamos para que solo los ojos de v.m puedan leerla.

La Habitación OSCURA

Diablerías

(Primera parte)

POR JESÚS PALACIOS
ILUSTRACIÓN DIVERGENTE₈₄

Vamos a hablar del Diablo. Pero no de ese prestigioso y prestigiado personaje que ha ocupado las páginas de autores tan insignes como Dante, Goethe, Milton, Bierce, Baudelaire, Bernanos y tantos otros grandes de la literatura universal, sino de ese otro Diablo —o diablos— que tiene cierta tendencia al baratillo. Como si el color amarillento de las páginas de los viejos *pulps* soltara algo de azufre, su interior parece ser el hábitat favorito del Viejo Enemigo. Es entre los escritores más descarados, prolíficos e infames donde más cómodo se encuentra, disfrutando de ese verdadero infierno de las letras que es la literatura de kiosco, el bolsilibro, la novela de bolsillo y, naturalmente, el *best-seller*.

¿Qué mejor compañía para el maestro de las mentiras, que la de mentirosos profesionales para quienes escribir es el oficio más viejo del mundo? Por más que pueda molestar a algunos moralistas satánicos (que los hay), el Diablo es un personaje de pura *pulp fiction* así como una presencia habitual en las adaptaciones a la pantalla que de la serie B a la Z, sin hacer ascos al cine de autor o a las superproducciones ocasionales, se han nutrido y se nutren con diabólica alegría de esa literatura de consumo, que ofrece todos los delirios –y suplicios- de los nueve círculos infernales... Y algunos más de su propia cosecha. Es de estas diablerías literarias que han llegado a las pantallas de las que nos vamos a ocupar principalmente aquí.

A pesar de que no fueron muchos los escritores de fantasía y horror de la era dorada del *pulp* los adaptados al cine en su momento —a diferencia de lo que ocurría en otros géneros como el *thriller* o el *western*—, Abraham Merritt (1884-1943), uno de los grandes maestros del género, sí lo fue en varias ocasiones. La más conocida, e infiel, de las versiones cinematográficas de sus obras es *Muñecos infernales* (The Devil-Doll. Tod Browning, 1936), inspirada en su popular novela de brujería y misterio de 1932 *Arde, bruja, arde* (Beetruvian, 2024), donde la participación en el guión de otros escritores del género como Garrett Fort y Guy Endore transformaría por completo la historia original, todo un thriller ocultista con toques de novela negra hard-boiled, convirtiéndola en un melodrama sentimental de crimen con alguna pincelada de ciencia ficción muy apropiado para el carácter de su director, el gran Tod Browning.

Curiosamente, muchos años después, el peculiar cine mexicano gótico y de terror volvería a llevarla a la pantalla de forma mucho más fidedigna en *Muñecos infernales* (1961) de Benito Alazraki, donde el guión de Alfredo Salazar sigue mucho más de cerca la obra de Merritt, introduciendo también interesantes toques de vudú, aunque sin confesar en momento alguno su fuente de inspiración literaria, a fin de evitar cualquier cuestión de derechos de autor. Con todo y eso, ni en la novela ni en ninguna de sus versiones cinematográficas aparece directamente invocado nuestro viejo amigo, aunque sea obligado recordar también que la novela de Merritt tuvo una secuela en 1934, para algunos superior: *¡Arrástrate, sombra!* (Costas de Carcosa, 2025), invocando ahora la antigua magia y

brujería celta de la sumergida ciudad de Ys, en las costas bretonas.

El diablo aparecerá al fin, aunque de forma vicaria y un tanto torticera, en la curiosa y singular película *Seven Footprints to Satan* (1929), basada en la novela del mismo título publicada en 1927 por Merritt —y conocida entre nosotros como *Las siete huellas de Satán* (Ans, 2008)—, dirigida por el danés Benjamin Christensen durante su poco afortunada estancia en Hollywood.

Christensen, más recordado por su impresionante y pionera obra maestra avant la lettre del falso documental de terror *Häxan: la brujería a través de los tiempos* (Häxan, 1921), que, de hecho, le abriría el camino al cine americano, utiliza con ingenio la trama original de Merritt para pergeñar una comedia macabra, en la línea de los clásicos *old dark house mysterys* —como la popular *El legado tenebroso* (The Cat and the Canary, 1927) de Paul Leni—, donde el protagonista, interpretado por el actor cómico Creighton Hale se enfrenta, al menos supuestamente, con el mismísimo Diablo, en el interior de una fantástica mansión *art déco*, poblada de gorilas, encapuchados, enanos y hermosas mujeres. Finalmente, nuestro héroe no solo rescatará a la bella en peligro, la rubia Thelma Todd, de trágico y misterioso final, sino que descubrirá que el Diablo no es sino un criminal enmascarado, que utiliza la parafernalia satánica para sus fines delictivos... o simplemente para orquestar una gran broma a su costa.

Película muda estrenada en plena eclosión del primer cine sonoro, *Seven Footprints to Satan* corrió idéntica suerte que otras cintas de la época en la misma situación, sufriendo una pálida distribución, siendo reestrenada con música grabada y efectos sonoros añadidos, pasando finalmente sin pena ni gloria para desgracia de Christensen, quien acabaría volviendo a su Dinamarca natal, decepcionado de Hollywood. Durante muchos años, este peculiar clásico mudo se creyó perdido para siempre, pero finalmente reapareció y ha sido convenientemente restaurado, permitiéndonos disfrutar de una genuina recreación de la literatura pulp de misterio rodada en su mejor momento.

Pese a que no tenga un origen literario concreto, por más que su título original remita al mismísimo Edgar Allan Poe, *Satanás* (*The Black Cat*, 1934), la obra maestra diabólica de Edgar G. Ulmer, historia de secta satánica, crimen y venganza netamente *pulp* que cuenta con los decorados más inquietantes, atmosféricos y modernos de la historia del cine fantástico y protagonizada ni más ni menos que por Boris Karloff y

Bela Lugosi, tendría como guionista y culpable de la historia original a Peter Ruric, seudónimo para el cine del novelista estadounidense George Caryl Sims (1902-1966), autor de numerosas obras de misterio y aventuras como George Sims (no confundir con el autor británico del mismo nombre), y como Paul Cain de una larga serie de novelas *hard boiled* para la mítica *Black Mask*, revista fundadora de la moderna novela negra policial, protagonizadas por el jugador Gerry Kells.

Satanás tiene, precisamente, más de un toque propio de *film noir* y no carece de intención el hecho de que su protagonista —por así llamarle, puesto que el verdadero protagonista del filme no es sino la casa misma— sea un novelista de misterio, en un alarde de metaficción que tendemos a asociar más con el cine actual. George Sims, algunas de cuyas novelas fueron publicadas en nuestro país en los años treinta y cuarenta por editoriales populares como Molino o Juventud, escribiría varios guiones cinematográficos más, pero su caída en el alcoholismo, en la que fue acompañado alegremente por la actriz Gertrude Michael, le condenaría al ostracismo, muriendo de cáncer, solo y olvidado, en un apartamento de mala muerte en Hollywood, en 1966.

Otro singular cruce de caminos entre Satán, la ficción *pulp* y Hollywood nos lo ofrece el inevitable y genial Val Lewton (1904-1951), erudito talento al frente del departamento de serie B fantástica de la RKO, que mantuvo bien alta la insignia del cine de terror en la década de los cuarenta. *La séptima víctima* (*The Seventh Victim*, 1943), dirigida por un casi debutante Mark Robson, es una de las películas de satanismo y sectas diabólicas más intrigantes e inteligentes de la historia del cine, antecedente descarado en algunos aspectos de *La semilla del diablo* (*Rosemary´s Baby*, 1968), el clásico diabólico de Polanski basado en novela de Ira Levin. Aunque escrita por los guionistas DeWitt Bodeen y Charles O´Neal, es reconocible la mano maestra de Lewton, quien además de brillante guionista y productor, escribió varias historias para los *pulp magazines* de la época, como la que, titulada "The Bagheeta" y publicada por *Weird Tales* en 1930, daría origen años más tarde a *La mujer pantera* (*Cat People*. Jacques Tourneur, 1942).

A su directa intervención se debe, sin duda, el cambio radical del argumento original, que de ser concebido como una trama criminal relacionada con los pozos de petróleo se convirtió en una atmosférica historia de suspense gótico, con resabios de *film noir* y toques propios de auténtico "iniciado", como denominar a los filosóficos y cerebrales satanistas del filme "palladistas", término procedente de la jerga masónica y antimasónica de finales del siglo XIX. Más específicamente del célebre panfleto incendiario del periodista francés Leo Taxil (seudónimo de Marie Joseph Gabriel Antoine Jogand-Pagès, 1854-1907) *La Francmasonería: descubierta y explicada* (Maxtor, 2012), que ligó para la eternidad a masones y satanistas en el imaginario colectivo. *La séptima víctima* es una auténtica joya que brilla con sofisticada luz negra entre la mediocridad que suelen arrastrar sectas y villanos satánicos en pantalla, convirtiéndose no por casualidad en favorita del mismísimo Anton Szandor LaVey, fundador de la polémica y entrañabñe Iglesia de Satán en los años sesenta.

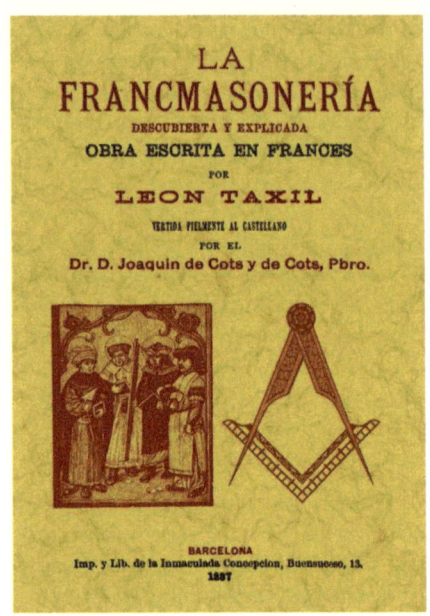

Las revistas *pulp* se consumieron como paja ante la infernal competencia de los seriales radiofónicos y cinematográficos, los *cómics* y, finalmente, ante la ominosa llegada de la televisión, fenómenos que compitieron deslealmente con las páginas amarillas para usurpar su popularidad entre las masas. Pero su espíritu imbatible renacería como el fénix a través del mercado del libro de bolsillo, que se convertiría en medio perfecto para los profesionales del género y sus directos herederos. El diablo se acomodó perfectamente a las manejables, reducidas pero encantadoras dimensiones del *pocket book*, encontrándose así en manos de escritores procedentes en su mayoría de los propios *pulps* originales, que además solían compartir sus actividades literarias con las de guionistas cinematográficos, propiciando así el matrimonio entre los infiernos del libro de bolsillo y el cine de terror. Con sus portadas sensacionalistas, brillantes y provocativas, su formato agradecido y precios asequibles, las novelas de bolsillo son una mina inabarcable, repleta de tesoros ocultos para el amante del terror en general y de Satán en particular, como ha redescubierto para el nuevo lector del milenio el avispado Grady Hendrix con su entretenida, imprescindible e ilustrada historia de su época dorada, *Paperbacks from Hell* (Minotauro, 2024).

Esposa hechicera (Martínez Roca, 1989), una de las mejores novelas modernas sobre brujería, publicada por Fritz Leiber en 1943, se convertiría pronto también en una de las más adaptadas a la gran pantalla. Apenas un año después, daría lugar a una genuina *B-Movie*, con B de buena, dirigida por Reginald Le Borg y protagonizada por Lon Chaney Jr., *Weird Woman* (1944), perteneciente a la serie de películas de misterio *Inner Sanctum*, derivadas del popular espacio radiofónico del mismo nombre. Más ajustada a su original literario resultaría la británica *Arde, bruja, arde* (Night of the Eagle, 1962), dirigida por Sidney Hayers, y que, a pesar del título español, nada tiene que ver con la novela de Merritt y sí con la de Leiber.

En *Arde, bruja, arde* el ambiente netamente británico contribuye a dar verosimilitud a la inteligente trama de la novela, cuya acción se sitúa en el mundo universitario y cuya moraleja podría resumirse, sencillamente, con el viejo dicho irónico y un tanto misógino (aunque a veces teñido de admiración y deseo) que reza aquello de que "todas las mujeres son unas brujas". Premisa que incluso daría lugar a una versión paródica de la novela, *Witche´s Brew* (Richard Shorr y Herbert L. Strock, 1980), producida por el mismo equipo culpable poco después de *Saturday the*

14th (Howard R. Cohen, 1981), por no hablar de la genial comedia fantástica *Me enamoré de una bruja* (*Bell Book and Candle*, 1958), dirigida por el malhadado Richard Quine y basada en el éxito teatral del dramaturgo gay —y no es un dato gratuito en este caso— John Van Druten, a mayor gloria de la bellísima Kim Novak y su diabólico gato Pyewacket.

Fritz Leiber (1910-1992), genial escritor de fantasía, horror y ciencia ficción, hijo del notable intérprete shakespeariano del mismo nombre y actor también ocasional, es un personaje netamente satánico, en sentido laveyano, que compartió pantalla ni más ni menos que con Edmond O´Brien, William Bendix, Ella Raines y Vincent Price, en el clásico *film noir* de Michael Gordon *The Web* (1947), y al que se debe también la fascinante novela *Nuestra Señora de las Tinieblas* (Martínez Roca, 1993), publicada originalmente en 1977 y que tantos extraños paralelis-

mos ofrece con la Trilogía de las Matres del maestro italiano del cine de terror Dario Argento.

Pero tan satánico o más que Leiber, con perdón, fue también el prolífico Robert Bloch (1917-1994), quien se inició en el amarillento mundo perdido del *pulp* tras las huellas de Lovecraft, pero se impuso con el *boom* del libro de bolsillo, conquistando Hollywood gracias a su inmortal psicópata asesino Norman Bates. Aunque poco de satanista tuvo en la realidad el tantas veces vilipendiado Donatien Alphonse François De Sade, así le gustó retratarlo a Bloch en su relato corto "La calavera del Marqués De Sade", de 1945 (incluido en la antología *TerrorVisión. Relatos que inspiraron el cine de terror moderno.* Valdemar, 2018), que sería llevado a la pantalla por la productora británica Amicus en 1965, con guión del propio Bloch, en la deliciosa *La maldición de la calavera* (*The Skull.* Freddie Francis), protagonizada por un inmenso Peter Cushing. Con digno desprecio, los descendientes del Divino Marqués consiguieron que en Francia se exhibiera sin que en su título apareciera el nombre de Sade, como era intención de los distribuidores.

La misma productora, siguiendo su carrera como una de las más fieles y dedicadas competidoras de la mítica Hammer, contaría nuevamente con Bloch como guionista y autor de los relatos originales para *El jardín de las torturas* (*Torture Garden.* Freddie Francis, 1967), una compilación de historias de horror presentadas por el histriónico Dr. Diabolo —¿les suena el nombre?-, interpretado por Burgess Meredith, ejemplo perfecto de la notable preferencia por las películas antológicas de esta compañía cinematográfica fundada por los estadounidenses Milton J. Subotsky y Max Rosenberg, pero totalmente aclimatada al gótico inglés de la época.

Naturalmente, la propia Hammer no podía mantenerse al margen de la creciente moda satánica de los años sesenta, dedicando al Diablo y sus adoradores una de sus más peculiares y logradas producciones: *La novia del diablo* (*The Devil Rides Out.* Terence Fisher, 1968). Esta vez, la base literaria para el excelente guión del también gran escritor del género Richard Matheson —¡vaya década para los amantes del fantástico!— sería la novela del británico Dennis Yates Wheatley (1897-1977) *The Devil Rides Out*, publicada originalmente en 1934, editada en España con el título de *El talismán de Set* (Mondadori, 1991) y de la que incluso existe una versión musical, en el más genuino estilo *El Fantasma de la Ópera* (aunque con mucho menos éxito), compuesta por Colin McCourt y estrenada en Inglaterra en 1992.

Dennis Wheatley es toda una figura de culto dentro de la literatura popular inglesa. Heredero —en clave menor, todo hay que decirlo— de la tradición de ficción ocultista ejemplarizada por Machen, Blackwood, Buchan o Hodgson, aunque más cerca de Sax Rohmer que de ninguno de ellos, ejerció tanto de editor como de autor, redescubriendo incontables clásicos del género en su famosa colección *The Dennis Wheatley Library of the Occult*, y publicando incluso algunos ensayos sobre historia de la magia, tan sensacionalistas y divertidos como poco fiables. Para su novela más famosa, Wheatley se inspiró en la personalidad de Aleister Crowley, a quien bajo la figura del aristocrático y siniestro Mocata utiliza como villano de la función. Terence Fisher convertiría su película en una de las más eficaces del género satánico de los 60, en gran medida gracias a las interpretaciones de Christopher Lee y, sobre todo, de Charles Grey como Mocata, desplegando un estilo ágil, colorista y lleno de emoción para una genuina aventura detectivesca ocultista, malograda tan solo ocasionalmente por la disculpable pobreza de algunos efectos especiales.

No podemos dejar de mencionar aquí cómo la figura pública y privada del ocultista Aleister Crowley (1875-1947) ha servido a menudo para crear tramas y personajes satánicos en la ficción, tanto literaria como cinematográfica, destacando entre ellos, aparte del citado Mocata, el diabólico doctor Julian Karswell de *La noche del demonio* (*Night of the Demon*. Jacques Tourneur, 1957), según el relato del maestro inglés del cuento de fantasmas "El maleficio de las runas" (incluido entre otras ediciones en *Corazones perdidos*.

Cuentos completos de fantasmas de M. R. James. Valdemar, 1997) e interpretado brillantemente por Niall MacGinnis; o el expresivo y expresionista Oliver Haddo que encarna el germánico Paul Wegener en la pionera *Mágico dominio* (*The Magician*, 1926) de Rex Ingram, adaptación muda de la primera novela de Somerset Maugham, *El mago* (Valdemar, 1991), publicada originalmente en 1908, poco después de que el escritor conociera personalmente al famoso mago inglés en París.

Volviendo a Wheatley, este pondría una vez más su obra al servicio de Satán y de la Hammer, como despedida de esta última, con la injustamente menospreciada *La monja poseída* (*To the Devil a Daughter*. Peter Sykes, 1976), estrenada en plena fiebre diabólica de los setenta, siguiendo la estela del éxito de *El exorcista* (*The Exorcist*. William Friedkin, 1973), adaptación a su vez de la novela de William Peter Blatty. En cierta medida, tanto esta como la anterior y sin duda superior película de Fisher, fueron realizadas gracias a la intervención en ambas de Christopher Lee, aficionado al género por cuenta propia y amigo personal del escritor, a quien, por cierto, molestó un tanto el exceso de erotismo de *La monja poseída*, incluyendo el desnudo final de una hermosa y jovencísima Nastassja Kinski, que encontraba gratuito y "perverso".

Lástima que otra de los mejores obras de intriga ocultista y satánica del autor, *The Haunting of Toby Jugg* (1948), publicada en castellano largo tiempo atrás como *Magia negra* (Novaro, 1970), fuera vilmente traicionada por su adaptación británica televisiva, *El aviador embrujado* (*The Haunted Airman*. Chris Durlacher, 2006), desaprovechando un buen reparto encabezado por Julian Sands y Robert Pattinson, para convertir toda una delirante trama gótica, conspiranoica y satanista en un pálido y soso *thriller* psicológico sin elemento fantástico real alguno.

La obra de Wheatley, irregular, pero siempre divertida, que abarca desde el *thriller* y la novela bélica, hasta la aventura exótica, las historias de mundos perdidos y el horror sobrenatural, todavía espera ser reeditada hoy en nuestro país, en un momento en el que sus mezclas de espionaje, historia y esoterismo podrían fácilmente colocarse de nuevo como *best-sellers*, tal y como lo fueran en su día, acogiéndose a la moda de autores modernos como Preston y Child, Dan Brown, Katherine Neville, Jean-Christophe Grangé, Steven Alten, Javier Sierra y tantos otros.

Aquí dejamos por ahora nuestras diablerías literarias y cinematográfica, justo cuando estamos a punto de entrar en la era del best-seller satánico, con títulos como *La semilla del diablo*, *El exorcista*, *La profecía* y demás súper ventas infernales. Porque si alguien vende más y mejor que nadie, ese es el Diablo. Y no probablemente, sino con toda seguridad. Pero eso lo veremos ya, siguiendo la gran tradición del serial y el folletín *pulp*, en la próxima entrega.

Continuará...

Queremos seguir contando historias... y tú puedes ayudar a escribir la próxima página

Apoya la revista CONTRACUBIERTA a través de nuestra campaña en Verkami y ayúdanos a seguir publicando historias, ensayos e ilustraciones únicas.

Con tu colaboración, aseguramos el futuro de este proyecto cultural independiente.

☒ **Recibe la revista en casa**

☒ **Acceso a contenido exclusivo**

☒ **Forma parte de nuestra comunidad literaria**

HAZ TU APORTACIÓN EN VERKAMI Y ÚNETE A LA COMUNIDAD DE CONTRACUBIERTA

CAVE

LECTOR

POR VÍCTOR M. MARTÍN
ILUSTRACIÓN DIVERGENTE[84]

El fin del verano marca el inicio de la campaña navideña para las editoriales españolas, grandes y pequeñas. Superada la canícula veraniega, los sellos más dispares ponen en el mercado sus galas más cegadoras para intentar cerrar el año con las mejores ventas posibles. Tanto **Planeta** y **Penguin**, como las más prestigiosas editoriales independientes, todas ellas se guardan varios ases en la manga para reventar, en la medida de sus posibilidades, el mercado en estos últimos meses del año, donde la inminencia de la Navidad (¿cómo es posible que todavía no haya decoración navideña en los escaparates de las tiendas? ¿A qué están esperando?) y el consumo desbocado de esas fechas tan familiares invita a colapsar todo tipo de establecimientos, entre ellos, también las librerías.

Cuando el verano está pegando sus últimos coletazos y agosto languidece entre nuestras manos, **Tusquets** abre el baile con *Morir en la arena*, de **Leonardo Padura**, quien parece relegar, al menos provisionalmente, a su celebrado detective **Mario Conde** (no confundir con el también *celebrado* delincuente Mario Conde). Aprovechando estos estertores estivales, otro que vuelve a las librerías es **Paul Pen** (el **Stephen King** español, ¡ay, cuanto daño hacen las etiquetas!) con *El canto de los grillos* (**Plaza & Janés**). Thriller, terror y misterio para fans irredentos sin complejos.

POR EL AUTOR DE *EL BRILLO DE LAS LUCIÉRNAGAS*

PAUL PEN

EL CANTO DE LOS GRILLOS

PLAZA JANÉS

Ya en septiembre, grandes nombres de la literatura en lengua española asaltan las mesas de novedades. El siempre interesante pero un poco tristón **Isaac Rosa** nos trae una peculiar historia de amor, soledad e incomunicación, como casi todas las suyas, con *Las buenas noches* (**Seix Barral**), con un nuevo protagonista: el insomnio que arrasa en nuestra sociedad; **Anagrama** intenta dejar atrás la polémica por la publicación interruptus de *El odio* y sigue recuperando las primeras obras de la inquietante **Mariana Enriquez**, con la edición de *Como desaparecer completamente*, novela escrita en 2004, justo cuando Argentina intentaba dar portazo a la crisis del *Corralito*. Otra de las grandes de la narrativa corta y fantástica de las letras españolas, **Cristina Fernández Cubas**, **Premio Nacional de las Letras en 2023** (aparte de otros muchos galardones), rompe el silencio literario que mantiene desde que publicara *La habitación de Nona* en 2015, y lo hace con *Lo que no se ve* (**Tusquets**), un libro de cuentos donde lo terrorífico y lo inexplicable volverán a dejarnos con el espíritu *touché*.

Más nombres propios que habrá que tener en cuenta durante este mes son los de la querida **Chimamanda Ngozi Adichie**, que presentará su nueva novela, *Unos cuantos sueños* (**Random House**); o **John Boyne**, que hizo llorar a media España con su recordada *El niño con el pijama de rayas*, pero que al menos en territorio hispano, no ha vuelto a tocar el cielo como lo hizo con esa enternecedora y durísima novela. **Salamandra** publicará *Una escalera hacia el cielo* (de 2018), una acerada crítica del mundillo editorial que busca romper la racha inane que lleva últimamente el autor irlandés en cuanto a las ventas en nuestro país. Más madera: la eterna candidata al premio **Nobel**, **Joyce Carol Oates**, quien a sus 87 años apura sus posibilidades de obtener el prestigioso galardón. Vista la dinámica de la **Academia Sueca**, que lleva varios años con la cremallera puesta, no parece que 2025 vaya a ser su año. Quizá en 2026... Siempre especulando desde mis hipótesis nada científicas. La octogenaria y prolífica autora estadounidense (con más de 160 obras publicadas de todos los géneros imaginables (novela, cuentos, novelas cortas, ensayo, poesía, teatro, libros infantiles y juveniles...) nos presentará *El señor Fox* (**Random House**): si eres fan de la autora, ya hace tiempo que caíste en sus redes y sabes a lo que te expones, pero si no has leído nada de ella... este *Señor Fox* puede ser una buena oportunidad para entrar en su mundo literario

Otros nombres que vuelven a la palestra son el enigmático **Thomas Pynchon**, de quien **Tusquets** reedita *V* y *Vineland*; **Seix Barral** recupera *Espejo roto*, de **Mercè Rododera**; **Lumen** también mantiene viva la llama de **Iris Murdoch** con las pertinentes reimmpresiones de *Amigos y amantes* y *La negra noche*; para acabar con los grandes autores, **Debate** reeditará las hermosas memorias de **Fernando Fernán Gómez**, *El tiempo amarillo*.

Pero en cuanto a romper la banca, tres son tres las publicaciones de septiembre que prometen altas temperaturas (por si no hubiéramos tenido suficiente con el verano). El 3 de septiembre, el incombustible **Arturo Pérez-Reverte** regresa al siglo de oro español con una nueva entrega, la octava, de las aventuras del capitán **Diego Alatriste**, de título *Misión en París* (**Alfaguara**). Los ambos seguidores del cartagenero y de ese carismá-

tico personaje (*"No era el hombre más honesto ni el más piadoso, pero era un hombre valiente"*) podrán volver a disfrutar del verbo fácil, elegante y directo de Perez-Reverte, con aventuras, traiciones, romance y todo aquello que se le puede pedir a una novela folletinesca de tintes decimonónicos.

La segunda gran apuesta *bestsellerica* del mes, el 10 de septiembre, es la vuelta de otro rompedor de rankings como **Dan Brown** y una aventura más protagonizada por **Robert Langdon**: *El último secreto*. Más de 800 páginas de acción trepidante sin descanso para seguidores muy seguidores de Brown.

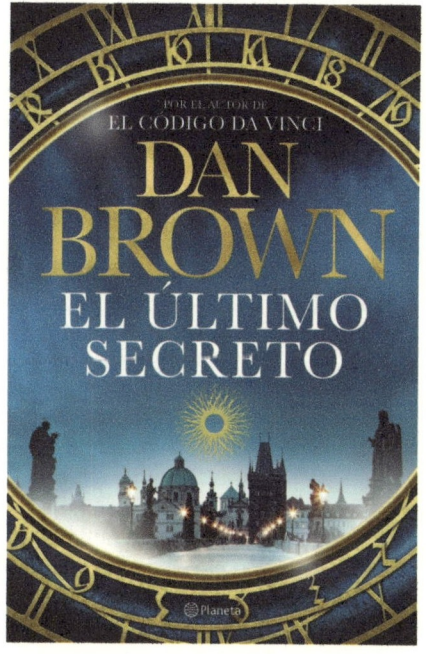

El tercer previsible superventas de septiembre es otro clásico de nuestras librerías. El británico **Ken Follett** pondrá en la calle, de manos de **Plaza & Janés**, *El círculo de los días*, una historia de la creación de Stonehenge.

Un poco más corto de paginación para lo que nos tiene acostumbrado Follett (768), su nueva novela intentará aportar algo más de luz al misterio de la construcción de este mítico monumento megalítico ubicado al sur de Inglaterra.

Por citar unas últimas referencias para este noveno mes del año, aprovechando el estreno del ¿necesario? remake de *La guerra de los Rose*, tendremos la oportunidad de recuperar la ácida novela firmada por **Warren Adler** de la mano de **Seix Barral**, de idéntico título a la película original. Si alguno de ustedes tiene interés por la nueva versión, ya que la he citado, ahora han ahorrado palabras para dejarla en un lacónico **Los Rose**. **Elizabeth Gilbert**, la eterna autora de *Come, reza, ama*, será noticia (o no) con *Hasta la orilla del río* (**Suma de Letras**); los seguidores del post moderno rey del terror estadounidense, **Grady Hendrix**, podrán practicar *Brujería para chicas descarriadas* (**Minotauro**); y el creciente club de fans de la sospechosamente hiperactiva **Freida McFadden** (31 libros escritos en doce años) seguirán, si quieren, claro, las absorbentes lecturas de la autora con *La profesora*.

Mientras tanto, decenas de libros de **romantasy**, cuyo listado es imposible de reproducir aquí, seguirán inundando nuestras mesas y estanterías. No sufran por ello su fiel parroquia de lectoras y lectores. Las librerías seguirán tomadas por todos esos libros, de cantos coloreados, ediciones especiales y del coleccionista que tanto gustan hoy día a **booktokers** y demás fans.

OCTUBRE

Lo malo de preparar con tanta antelación (y estando el verano de por medio) las novedades más destacadas del fin de año es que muchas de ellas no están aún publicitadas adecuadamente, con lo cual, es más que posible que algún bombazo otoñal no aparezca reflejado en estas líneas. No me lo tengan en consideración.

De lo poco que se sabe todavía de este mes, podemos adelantar que el superventas **Javier Castillo** sacará nueva novela el 1 de octubre, cuyo título no ha querido facilitar (de momento). Pero no tengan miedo, **Suma de Letras** y **DeBolsillo** harán la merecida campaña publicitaria para generar en sus lectores la necesidad imperiosa de sumergirse en sus páginas. Lo poco que, hábilmente, Castillo ha dejado en-

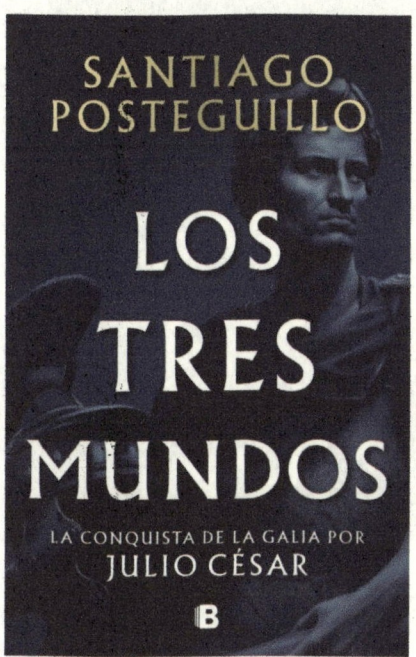

SANTIAGO
POSTEGUILLO

LOS
TRES
MUNDOS

LA CONQUISTA DE LA GALIA POR
JULIO CÉSAR

B

Algunos días más tarde, el 21 de octubre, **Santiago Posteguillo** cierra su trilogía sobre **Julio César** con *Los tres mundos*, ambientada en la mítica conquista de las Galias. Habida cuenta que la infinita *troupe* de seguidores del autor valenciano lleva desde principios de año preguntando por este libro, cabe sospechar que *Los tres mundos* será uno de los libros de las Navidades de 2025.

Para acabar, un recordatorio para los lectores más recalcitrantes: Planeta fallará su *prestigioso* premio el 15 de octubre, de manera que a primeros de noviembre las librerías del país volveremos a estar colonizadas por este *objeto*. Después del fracaso de **Victoria**, preveo que el tiburón editorial barcelonés pondrá toda la carne en el asador con el premiado de 2025. Mi apuesta es que el ganador de este año será un autor (o autora) que intentará reconducir las ventas decrecientes del Premio Planeta en los últimos años, un primer espada del escalafón literario español. Ya se verá la lucidez de mi pronóstico.

trever de su próxima novela es que no se saldrá del *thriller*, pero lo considera *"un salto al vacío, pero controlado, con paracaídas..."*. Habrá que ver qué es lo que entiende Castillo por lanzarse al vacío.

NOVIEMBRE

Por último, para el ahora lejanísimo noviembre, se rumorea un nuevo **Brandon Sanderson**, por muy increíble que nos pueda parecer, ya que por idénticas fechas de 2024 se descolgó con la quinta entrega de la saga *El archivo de las tormentas* y sus correspondientes 1.408 páginas. De dónde saca el tiempo Sanderson para escribir tanto, lo ignoramos. Pero es mejor no pensar mal y seguir creyendo que los Reyes Magos existen.

VII JORNADAS LITERATURA DE TERROR APLICADA

LOS MORADORES DE LAS TINIEBLAS

LOS NO MUERTOS

14 — 16
de NOVIEMBRE
de 2025
CASTILLO de
San Servando,
TOLEDO

Desde 100€

¿TE ATREVES A DORMIR CON LOS MUERTOS?

AYUNTAMIENTO DE
TOLEDO

Castilla-La Mancha

Libreto
Asociación de Libreros de Toledo

HOJA BLANCA
LIBRERÍA

fedeto